Quick Guide

Quick Guides liefern schnell erschließbares, kompaktes und umsetzungsorientiertes Wissen. Leser erhalten mit den Quick Guides verlässliche Fachinformationen, um mitreden, fundiert entscheiden und direkt handeln zu können.

Weitere Bände in der Reihe
http://www.springer.com/series/15709

Friedrich Müller

Quick Guide Digital Controlling

Wie Sie Digitalisierung in Controlling-Prozessen umsetzen

Friedrich Müller
Kessler Consulting AG
Zürich, Schweiz

ISSN 2662-9240 ISSN 2662-9259 (electronic)
Quick Guide
ISBN 978-3-658-35040-6 ISBN 978-3-658-35041-3 (eBook)
https://doi.org/10.1007/978-3-658-35041-3

Die Deutsche Nationalbibliothek verzeichnet diese Publikation in der Deutschen Nationalbibliografie; detaillierte bibliografische Daten sind im Internet über http://dnb.d-nb.de abrufbar.

© Der/die Herausgeber bzw. der/die Autor(en), exklusiv lizenziert durch Springer Fachmedien Wiesbaden GmbH, ein Teil von Springer Nature 2021
Das Werk einschließlich aller seiner Teile ist urheberrechtlich geschützt. Jede Verwertung, die nicht ausdrücklich vom Urheberrechtsgesetz zugelassen ist, bedarf der vorherigen Zustimmung der Verlage. Das gilt insbesondere für Vervielfältigungen, Bearbeitungen, Übersetzungen, Mikroverfilmungen und die Einspeicherung und Verarbeitung in elektronischen Systemen.
Die Wiedergabe von allgemein beschreibenden Bezeichnungen, Marken, Unternehmensnamen etc. in diesem Werk bedeutet nicht, dass diese frei durch jedermann benutzt werden dürfen. Die Berechtigung zur Benutzung unterliegt, auch ohne gesonderten Hinweis hierzu, den Regeln des Markenrechts. Die Rechte des jeweiligen Zeicheninhabers sind zu beachten.
Der Verlag, die Autoren und die Herausgeber gehen davon aus, dass die Angaben und Informationen in diesem Werk zum Zeitpunkt der Veröffentlichung vollständig und korrekt sind. Weder der Verlag noch die Autoren oder die Herausgeber übernehmen, ausdrücklich oder implizit, Gewähr für den Inhalt des Werkes, etwaige Fehler oder Äußerungen. Der Verlag bleibt im Hinblick auf geografische Zuordnungen und Gebietsbezeichnungen in veröffentlichten Karten und Institutionsadressen neutral.

Planung/Lektorat: Catarina Gomes de Almeida
Springer Gabler ist ein Imprint der eingetragenen Gesellschaft Springer Fachmedien Wiesbaden GmbH und ist ein Teil von Springer Nature.
Die Anschrift der Gesellschaft ist: Abraham-Lincoln-Str. 46, 65189 Wiesbaden, Germany

Vorwort

Die Digitalisierung dominiert den praktischen und wissenschaftlichen Diskurs und hat in der Wirtschaft große Veränderungen verursacht.[1] Die aktuelle Corona-Krise hat diese Entwicklung sogar noch beschleunigt.

Obwohl bereits heute ein Controlling ohne die umfangreiche Nutzung von IT-Systemen kaum noch vorstellbar ist, durchlebt es zunehmende Veränderungen. Die Veränderungen betreffen sowohl das Controlling der Digitalisierung als auch die Digitalisierung des Controllings. Dabei setzt der Wertbeitrag der Digitalisierung im Controlling bei den Controlling-Prozessen an.[2] Das Potenzial der Digitalisierung der Controlling-Prozesse kann allerdings noch nicht ausreichend ausgeschöpft werden. Somit kann der Digitalisierungsgrad in den Controlling-Prozessen mehrheitlich als ungenügend eingestuft werden.[3] Die zwei Hauptvoraussetzungen für die Digitalisierung der Controlling-Prozesse sind der Automatisierungsgrad und die Effizienz.[4] Diese beiden Voraussetzungen sind allerdings bisher

---

[1] Vgl. Schäffer und Leyh 2017, S. 99.
[2] Horváth et al. 2020, S. 390.
[3] Vgl. Keimer et al. 2018, S. 11.
[4] Vgl. Keimer und Egle 2020, S. 11.

laut einer groß angelegten Befragung nur bei 2 % der Unternehmen sehr gut ausgeprägt.[5] Neben der Automatisierung und Effizienz, ist die mangelnde Standardisierung eine große Hürde bei der Digitalisierung der Controlling-Prozesse.

Die Leser dieses Quick Guides erhalten einen Einblick in die Ausgangslage und Tipps und Tricks, die ihnen die Umsetzung der Digitalisierung in Controlling-Prozessen erleichtern.

Friedrich Müller

Literatur

Horváth, Péter, Ronald Gleich, und Mischa Seiter. 2020. *Controlling*. 14., komplett überarbeitete Aufl. München: Vahlen.

Keimer, Imke, und Ulrich Egle. 2020. Digital controlling. Grundlagen für den erfolgreichen digitalen Wandel im Controlling. In *Die Digitalisierung der Controlling-Funktion. Anwendungsbeispiele aus Theorie und Praxis*, Hrsg. Imke Keimer und Ulrich Egle, 1–16. Wiesbaden: Springer Gabler.

Keimer, Imke, Markus Gisler, Marino Bundi, Ulrich Egle, Markus Zorn, Marwan Kosbah, und Andreas Bueel. 2018. *Wie digital ist das Schweizer Controlling? Eine schweizweite Analyse auf Basis eines Reifegradmodells*, 1–70.

Schäffer, Thomas, und Christian Leyh, 2017. Master data quality in the era of digitization – toward inter-organizational master data quality in value networks: a problem identification. In *Innovations in Enterprise Information Systems Management and Engineering, Bd. 285*. Hrsg. Felix Piazolo, Verena Geist, und Lars Brehm und Rainer Schmidt, 99–113. Cham: Springer International Publishing (Lecture Notes in Business Information Processing).

---

[5]Vgl. Keimer et al. 2018, S. 11.

Inhaltsverzeichnis

1	**Digitalisierung im Controlling-Kontext**		1
	1.1 Einleitung		1
	1.2 Begriffsbestimmung und Abgrenzung		2
		1.2.1 Controllingverständnis	2
		1.2.2 Relevante Aspekte der Digitalisierung	3
	1.3 Controlling-Prozesse		3
		1.3.1 Controlling-Prozessmodell 2.0	3
		1.3.2 Aktueller Digitalisierungsgrad von Controlling-Prozessen	5
		1.3.3 Für die Digitalisierung relevante Controlling-Prozesse	6
	Literatur		8
2	**Umsetzbarkeit der Digitalisierung in Controlling-Prozessen**		11
	2.1 Datenmanagement		12
		2.1.1 Übersicht über die Digitalisierung im Datenmanagement	12

		2.1.2	Digitalisierung in den Prozessschritten	18
		2.1.3	Lösungsansätze im Datenmanagement	30
	2.2	Management Reporting		31
		2.2.1	Übersicht über die Digitalisierung im Management Reporting	31
		2.2.2	Digitalisierung in den Prozessschritten	36
		2.2.3	Lösungsansätze im Management Reporting	44
	2.3	Planung, Budgetierung und Forecast		45
		2.3.1	Übersicht über die Digitalisierung in Planung, Budgetierung und Forecast	45
		2.3.2	Lösungsansätze in Planung, Budgetierung und Forecast	52
	2.4	Interpretation und Bewertung der Lösungsmöglichkeiten		52
	Literatur			53
3	**Erfolgsfaktoren der Digitalisierung von Controlling-Prozessen**			**71**
	3.1	Ziel und Methode		71
	3.2	Ergebnisse der Analyse		73
	3.3	Einsatz der Erfolgsfaktoren in Controlling-Prozessen		74
	3.4	Umsetzung der Erfolgsfaktoren		78
		3.4.1	Standardisierung	78
		3.4.2	Integration/Zentralisierung	85
	3.5	Automatisierung		89
	Literatur			92
4	**Zusammenfassung und Ausblick**			99
	Literatur			102
	Anhang			**103**

Über den Autor

Friedrich Müller ist Senior Consultant bei der Kessler Consulting AG in Zürich (Schweiz). Dabei berät Herr Müller Unternehmen zu Themen wie die Digitalisierung von HR Prozessen und dem HR Controlling. Herr Müller verfügt über eine Executive Master of Business Administration in Accounting & Controlling vom Centrum für Unternehmensrechnung der Westfälische Wilhelms-Universität Münster (Deutschland), einen Bachelor in Wirtschaftswissenschat der FernUniversität Hagen (Deutschland) sowie ein Diplom in Sportwissenschaft der Friedrich-Schiller-Universität Jena (Deutschland).

Abkürzungsverzeichnis

BI	Business-Intelligence
GuV	Gewinn- und Verlustrechnung
ERP-System	Enterprise Resource Planning-System
IGC	International Group of Controlling
IT	Informationstechnologie
KI	Künstliche Intelligenz
ML	Machine Learning
OLAP	OnLine Analytical Processing
OLTP-Systeme	Online Transaction Processing-System
RPA	Robotic Process Automation
SLA	Service Level Agreement
SPOT	Single Point of Truth
SSC	Shared Service Center

Abbildungsverzeichnis

Abb. 1.1	Controlling-Prozessmodell 2.0	4
Abb. 1.2	Digitalisierungsgrad in Controlling-Prozessen	6
Abb. 2.1	Datenflüsse und -haltung	20
Abb. 3.1	Verteilung der Cluster	78
Abb. 3.2	Ablaufmodell Prozessstandardisierung	80

Tabellenverzeichnis

Tab. 1.1	Von der Digitalisierung am stärksten betroffenen Controlling-Prozesse	7
Tab. 2.1	Managementrelevante Datenquellen verschiedener Autoren im Vergleich	16
Tab. 3.1	Cluster und ihre Verteilung	73
Tab. 3.2	Ergebnisse des Clusteranalyse	75
Tab. 3.3	Vor- und Nachteile von verschiedenen Implementierungsreihenfolgen	85
Tab. 3.4	Vor- und Nachteile von unterschiedlichen Implementierungsstrategien	86

1

Digitalisierung im Controlling-Kontext

> **Was Sie aus diesem Kapitel mitnehmen**
>
> - Wie die Digitalisierung das Controlling beeinflusst
> - Welches Modell sich als Orientierung in der Prozessanalyse und -gestaltung eignet
> - Wie digital das Controlling wirklich ist
> - Welche Controlling-Prozesse für die Digitalisierung die relevantesten sind

1.1 Einleitung

Für ein digitalisierteres Controlling werden in dem vorliegenden Quick Guide „Digital Controlling" Lösungsansätze für ausgewählte Controlling-Prozesse ermittelt. Ziel des Quick Guides ist es demnach, folgende Fragen zu beantworten:

1. Wie könnte die Umsetzung der Digitalisierung in den ausgewählten Controlling-Prozessen und deren Teilprozessen aussehen?

2. Was sind die relevantesten Aspekte, die die Controlling-Organisation bei der Umsetzung beachten sollte?

Um diese Ziele zu erreichen, belegt der Quick Guide „Digital Controlling" nach einer Einführung relevanter Begriffe, den mangelnden Digitalisierungsgrad in Controlling-Prozessen und wählt die drei relevantesten Controlling-Prozesse anhand von jeweils zwei einschlägigen Studien und Forschermeinungen aus. Der Fokus auf drei ausgewählte Controlling-Prozesse ermöglicht eine aussagekräftige Untersuchungstiefe und ist eine Folge der sehr unterschiedlichen Bedeutung der Digitalisierung für die einzelnen Controlling-Prozesse.

Das Kap. 2 beschreibt, wie Lösungsmöglichkeiten in der Digitalisierung in ausgewählten Controlling-Prozessen und deren Teilprozessen aussehen könnten. Eine Clusteranalyse ermittelt in Kap. 3 die drei relevantesten Aspekte in Bezug auf die Umsetzung der Digitalisierung in Controlling-Prozessen, welche in einem zweiten Untersuchungsschritt nach ihren Voraussetzungen, ihrer Umsetzung sowie ihrer Wirkung untersucht werden. Der Leser kann dadurch seine eigene Controlling-Organisation einordnen und erhält einen Überblick über mögliche Handlungsoptionen und -empfehlungen in den Controlling-Prozessen des eigenen Unternehmens.

1.2 Begriffsbestimmung und Abgrenzung

1.2.1 Controllingverständnis

Grundlegende Begriffe, wie das Controlling, werden in internationalen Studien meist uneinheitlich verwendet.[1] Aufgrund eines hohen Bekanntheits- und Anwendungsgrades im europäischen Ausland[2] und der Prozessorientierung der Controllingdefinition, wird in dem vor-

---

[1] Vgl. Horváth (2017, S. 4).
[2] Vgl. Thiele et al. (2017, S. 103 ff.).

liegenden Quick Guide die Controllingdefinition der *International Group of Controlling (IGC)* verwendet. Die *IGC* beschreibt Controlling „als der gesamte betriebswirtschaftliche Prozess der Zielfestlegung, Planung und Steuerung im Unternehmen".[3]

1.2.2 Relevante Aspekte der Digitalisierung

Das Controlling wird stark von der Digitalisierung beeinflusst und ist mitbestimmend für die Entwicklung zum Digital Controlling, d. h. der Verknüpfung von IT und Controlling. Der Begriff „Digitalisierung" bezieht sich im Unternehmenskontext „typischerweise auf die Umwandlung von manuellen Prozessen und physischen Objekten in digitale Varianten, unter Nutzung neuer bzw. leistungsfähiger digitaler Technologie", wie beispielsweise Cloud Computing oder künstlicher Intelligenz.[4] Zudem geht es bei der Digitalisierung um die Aufbereitung von elektronischen Daten, ihre Nutzung, Speicherung und Weiterleitung. Die automatisierte Verarbeitung von Daten und Informationen, führt zu Zeit-, Qualitäts- und Kostenvorteilen und ermöglicht eine intensivere Erschließung, Analyse, Wiedergabe und Verteilung von Informationen als vorherige Kommunikationsmedien (wie Bücher).[5]

1.3 Controlling-Prozesse

1.3.1 Controlling-Prozessmodell 2.0

In dem vorliegenden Quick Guide werden auch die Controlling-Prozesse nach der *IGC* definiert. Das Ziel des Modells ist es, die Dokumentation, Analyse und Gestaltung von Controlling-Prozessen sowie die Kommunikation über Controlling-Prozesse zu unterstützen.

---

[3] Vgl. International Group of Controlling (2017, S. 3 ff.).
[4] Vgl. Schawel und Billing (2018, S. 105).
[5] Vgl. Disselkamp und Heinemann (2018, S. 7).

Abb. 1.1 Controlling-Prozessmodell 2.0. (Quelle: International Group of Controlling 2017, S. 20)

Durch das Controlling-Prozessmodell 2.0 ist es möglich, Controlling-Prozesse leichter zu erklären. Es eignet sich sehr gut als Vorlage für die Prozessanalyse und die -gestaltung sowie zum Erkennen und Bewerten von Stärken und Schwächen aktueller Umsetzungsmethoden. Die fünf blau markierten Prozesse bilden das Herzstück des Controllings und seine Kernprozesse, die fünf grau markierten Prozesse werden in Kooperation mit weiteren Funktionen oder Bereichen im Unternehmen ausgeführt (vgl. Abb. 1.1).

Im Rahmen einer groß angelegten, europaweiten Studie im Jahr 2016 wurde das Modell weiterentwickelt. Einer der Gründe der Weiterentwicklung war der stärkere Einfluss der Digitalisierung, dem man ausreichend Geltung verschaffen wollte. Die aktuelle Version 2.0 des

Prozessmodells repräsentiert laut *IGC* die Controlling-Prozesse, die mehrheitlich von Unternehmen im Jahr 2017 verwendet wurden.[6]

1.3.2 Aktueller Digitalisierungsgrad von Controlling-Prozessen

Über den Stand der Digitalisierung im Controlling gibt es viele Veröffentlichungen. Die meisten stellen allerdings Mutmaßungen dar und reichen von „himmelhoch jauchzend bis zu Tode betrübt".[7] Die beiden folgenden Studien wurden ausgewählt, da sie den aktuellen Stand der Digitalisierung in Controlling-Prozessen anhand von Expertenbefragungen analysierten, interpretierten und bewerteten.

Schäffer und Weber befragten im Rahmen des zweiten *WHU Digitalization Pulse Check* 151 Teilnehmer (überwiegend Controlling-Leiter) im Herbst 2017 bezüglich des Digitalisierungsgrads in Controlling-Prozessen. Gemessen am Controlling-Prozessmodell 1.0 erreichten bereits 37 % der Unternehmen eine sehr hohe Standardisierung, dagegen nur 13 % eine sehr hohe Shared-Service-Nutzung[8] und sogar nur 10 % eine sehr hohe Automatisierung.[9]

Keimer et al. strebten eine objektive Einschätzung des Standes der Digitalisierung anhand eines Reifegradmodells an. Sie untersuchten im Jahr 2018 in einer empirischen Querschnittsanalyse mittels einer Online-Befragung den Stand der Digitalisierung in Controlling-Prozessen von 210 Schweizer Unternehmen. Der Reifegrad wurde in fünf Stufen unterteilt, von Stufe 1: „Digitale Beginner" bis Stufe 5: „Digitale Leader". Der Digitalisierungsgrad der Controlling-Prozesse wurden in die Kriterien Effizienz und Automatisierungsgrad unterteilt.

---

[6] Vgl. International Group of Controlling (2017, S. 3).
[7] Vgl. Schäffer und Weber (2018a, S. 4).
[8] Ein Shared-Service konsolidiert Prozesse, um Redundanzen zu reduzieren... vgl. Schulz et al. (2009, S. 9).
[9] Vgl. Schäffer und Weber (2018b, S. 16 ff.).

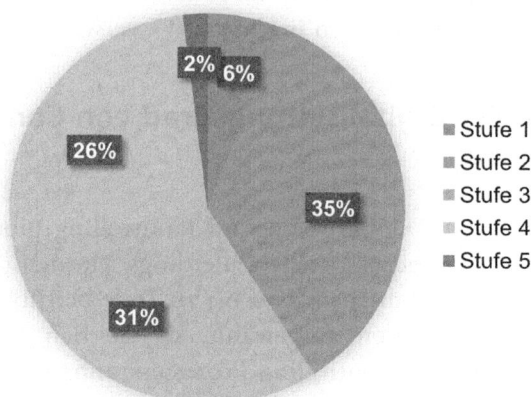

Abb. 1.2 Digitalisierungsgrad in Controlling-Prozessen. (Quelle: Eigene Darstellung in Anlehnung an Keimer et al. 2018, S. 11)

Zu der höchsten Digitalisierungsstufe zählten nur 2 % der Teilnehmer (s. Abb. 1.2).[10]

Somit scheint die Digitalisierung der Controlling-Prozesse in Deutschland und der Schweiz noch viel Potenzial zu haben.

1.3.3 Für die Digitalisierung relevante Controlling-Prozesse

Das Prozessmodell unterteilt sich in zehn Controlling-Hauptprozesse.[11] Der Einfluss der Digitalisierung auf die Controlling-Prozesse nach der Definition der *IGC* wurde in vier Studien untersucht. Die Studien von *Grönke und Glöckner*[12] und *Langmann*[13] wurden aufgrund vom ungenügendem Studiendesign nicht weiter berücksichtigt. Die Analyse-

---

[10] Vgl. Keimer et al. (1.2018, S. 11).
[11] Vgl. International Group of Controlling (2017, S. 9).
[12] Vgl. Grönke und Glöckner (2017, S. 157).
[13] Vgl. Langmann (2019, S. 11).

Tab. 1.1 Von der Digitalisierung am stärksten betroffenen Controlling-Prozesse

	Kempkes et al.	Nasca et al.
Verwendete Version des Prozessmodells	1.0 (Diese Version beinhaltete kein Datenmanagement)	2.0
Methode	System. Literaturanalyse	Befragung
Die drei am stärksten betroffenen Prozesse	1. Management Reporting 2. Forecasting 3. Operative Planung und Budgetierung	1. Datenmanagement 2. Management Reporting 3. Planung, Budgetierung und Forecast

ergebnisse der Studien vom *Kempkes et al.*[14] und *Nasca et al.*[15] sind in der Tab. 1.1 zusammengefasst.

Horváth et al. unterstreicht die Bedeutung des Management Reporting in Bezug auf die Digitalisierung.[16] *Grönke und Glöckner* beschreiben das Änderungspotenzial im Forecasting-Prozess durch Predictive Analytics als Paradigmenwechsel, der durch das Management von nahezu unbegrenzten Daten ermöglicht wird.[17] Basierend auf den analysierten Studien von *Kempkes et al.* und *Nasca et al.* sowie den Einschätzungen von *Grönke und Glöckner* und *Horváth et al.* über die Relevanz der Digitalisierung in Controlling-Prozessen, konzentriert sich der vorliegende Quick Guide ausschließlich auf die Prozesse Datenmanagement, Management Reporting sowie Planung, Budgetierung und Forecast. Die Prozesse werden nach absteigender Bedeutung sortiert sowie in absteigendem Detaillierungsgrad untersucht und erläutert.

> **Ihr Transfer in die Praxis**
>
> - Besteht ein einheitliches Verständnis von Controlling, sprich ist das Controlling definiert und die Definition dokumentiert? Falls nicht,

---

[14] Vgl. Kempkes et al. (2018, S. 132).
[15] Vgl. Nasca et al. (2018, S. 73 ff.).
[16] Vgl. Horváth et al. (2020, S. 396).
[17] Vgl. Gleich et al. (2017, S. 155).

empfehle ich dies in Abstimmung mit allen Beteiligten bzw. deren Vertretern nachzuholen.
- Erstellen Sie eine Übersicht über die verwendeten Controlling-Prozesse und vergleichen Sie diese mit dem Controlling-Prozessmodell 2.0.
- Bewerten Sie den Digitalisierungsgrad der Controlling-Prozesse anhand des fünfstufigen Reifegradmodells.
- Definieren Sie die für die Digitalisierung des Unternehmens relevantesten Controlling-Prozesse.

Literatur

Disselkamp, Marcus, und Swen Heinemann. (2018). *Digital-Transformation-Management. Den digitalen Wandel erfolgreich umsetzen.* Stuttgart: Schäffer-Poeschel Verlag für Wirtschaft Steuern Recht GmbH. https://ebookcentral.proquest.com/lib/gbv/detail.action?docID=5321933.

Gleich, Ronald, Grönke Kai, Markus Kirchmann, und Jörg Leyk. (Hrsg.). (2017). *Strategische Unternehmensführung mit Advanced Analytics. Neue Möglichkeiten von Big Data für Planung und Analyse erkennen und nutzen.* München: Haufe Lexware Verlag (Haufe Fachbuch, v.11430). https://ebookcentral.proquest.com/lib/gbv/detail.action?docID=5150607.

Grönke, Kai, und Kai Glöckner. (2017). Digitale Finanzorganisation: Automatisierte Prozesse, veränderte Rollen und neue Organisationsformen. In *Advanced Analytics. Neue Möglichkeiten von Big Data für Planung und Analyse erkennen und nutzen* (Bd. 51, Der Controlling-Berater), Hrsg. Ronald Gleich, Kai Grönke, Markus Kirchmann und Jörg Leyk. Freiburg im Br.: Haufe-Lexware.

Horváth, Péter. (2017). Einführende vergleichende Begriffsklärung. *Controlling* 29 (6): 4–6. https://doi.org/10.15358/0935-0381-2017-6-4.

Horváth, Péter, Ronald Gleich, und Mischa Seiter. (2020). *Controlling* (14., komplett überarbeitete Aufl.). München: Vahlen.

International Group of Controlling. (2017). *Controlling-Prozessmodell 2.0. Leitfaden für die Beschreibung und Gestaltung von Controllingprozessen* (2. Aufl.). Freiburg: Haufe (IGC-Schriften). https://www.haufe.de/.

Keimer, Imke, Markus Gisler, Marino Bundi, Ulrich Egle, Markus Zorn, Marwan Kosbah, und Andreas Bueel. (2018). *Wie digital ist das Schweizer Controlling? Eine schweizweite Analyse auf Basis eines Reifegradmodells*, 1–70. Verlag IFZ – Hochschule Luzern.

Kempkes, Jan, Francesco Suprano, Matthias B. Wesser, und Andreas Wömpener. (2018). Digitale Unternehmenssteuerung. Eine empirische Analyse der zentralen Gestaltungsdimensionen. *ZCG* 13 (3): 132–137.

Langmann, Christian. (2019). *Digitalisierung im Controlling*. Wiesbaden: Springer (essentials).

Nasca, Deborah, Jan Christoph Munck, und Ronald Gleich. (2018). Controlling-Hauptprozess: Einfluss der digitalen Transformation. In *Digitalisierung & controlling. Technologien, instrumente, praxisbeispiele* (1. Aufl), Hrsg. Ronald Gleich und Martin Tschandl, 73–88. Freiburg im Br.: Haufe.

Schäffer, Utz, und Jürgen Weber. (2018a). Digitalisierung ante portas. *CON* 30 (Sonderheft): 4–11. https://doi.org/10.15358/0935-0381-2018-S-4.

Schäffer, Utz, und Jürgen Weber. (2018b). Lean Controlling. Wo stehen wir? *CMR* 62 (8): 16–23. https://doi.org/10.1007/s12176-018-0063-5.

Schawel, Christian, und Fabian Billing. (2018). *Top 100 Management Tools. Das wichtigste Buch eines Managers: von ABC-Analyse bis Zielvereinbarung* (6. Aufl.). Wiesbaden: Springer Gabler.

Schulz, Veit, Alex Hochstein, Falk Uebernickel, und Walter Brenner. (2009). Definition and classification of IT-shared-service-center. In *Fifteenth Americas Conference on Information Systems. Fifteenth Americas Conference on Information Systems*, Hrsg. Association for Information Systems (AIS). San Francisco, California, August 6th–9th 2009 (3) S. 1–11.

Thiele, Philipp, Thomas Gackstatter, Mike Schulze, Ronald Gleich, Martin Tschandl, und Klaus Möller. (2017). Controlling-Standards in der Unternehmenspraxis: Studienergebnisse zur internationalen Verbreitung. In *Standards im Controlling* (Bd. 49, Der Controlling-Berater), Hrsg. Ronald Gleich, 103–119. Freiburg i. Br.: Haufe Gruppe.

2

Umsetzbarkeit der Digitalisierung in Controlling-Prozessen

Was Sie aus diesem Kapitel mitnehmen

- Warum Daten heutzutage als Vermögenswert bezeichnet werden
- Wie Sie die Informationen im Gesamtsystem des Unternehmens gut verzahnen
- Welchen Mehrwert Business Intelligence für das Unternehmen generiert
- Welche Datenbank-Technologien sich für die Verarbeitung großer Datenmengen eignen
- Wo die Vor- und Nachteile der Datenclouds liegen
- Was für In-Memory-Datenbanken spricht
- Wo die Datenhoheit liegen soll
- Wie ein gutes Datenmanagement die Rolle der Controlling-Organisation verändert
- Wie sich die hohen personellen Aufwendungen im Management Reporting reduzieren lassen
- Warum Predictive Planing für Sie überzeugend sein könnte
- Wie digital die Budgetierung ist
- Warum sich die Implementierung von RPA lohnt und wie Ihnen die Auswahl eines passenden RPA-Anbieters gelingt

2.1 Datenmanagement

2.1.1 Übersicht über die Digitalisierung im Datenmanagement

Die Bedeutung von Daten steigt seit Jahrzehnten kontinuierlich.[1] *Möller et al.* bezeichnen Stammdaten sogar als Vermögenswerte.[2] Aus Daten, die in einen Anwendungszusammenhang gebracht werden, entstehen Informationen.[3] Die hohe Bedeutung der Daten spiegeln sich in dem Zitat „Daten sind das Gold der heutigen Zeit, Informationen die Schmuckstücke" wieder.[4] Informationen alleine nutzen dem Unternehmen allerdings relativ wenig. Dies ändert sich durch die Verarbeitung und somit die Verzahnung der Informationen im Gesamtsystem des Unternehmens durch ein Controlling-Informationssystem.[5] Für ein Controlling-Informationssystem ist u. a. festzulegen, welche Informationen darin aufzunehmen sind.

Das im Folgenden untersuchte Datenmanagement beschreibt den Prozess dem Management, der für die Unternehmenssteuerung relevanten Informationen in hoher Qualität, inhaltlich korrekt und verlässlich bereit zu stellen. Das Controlling hat dabei die Aufgabe, das betriebswirtschaftliche Datenmodell, das eine inhaltliche Struktur vorgibt, zu verwalten, Datenflüsse mit modellierten Daten sicherzustellen, die materielle Qualität von Daten zu überprüfen und die notwendigen Rollenzuordnungen und Governance- sowie Weiterentwicklungsprozesse zu positionieren.[6]

Friedl sieht in einer Datenintegration die Voraussetzung für eine Weiterentwicklung des Controllings und eine Partizipation an der

---

[1] Vgl. Otto und Legner (2016, S. 550); vgl. Kempter und Peters 2017, S. 33; Baumöl und Homrighausen (2010, S. 500).
[2] Vgl. Möller et al. (2017a, S. 58).
[3] Vgl. Eschenbach und Siller (2019, S. 138).
[4] Vgl. Baumöl et al. (2017, S. 4); Schäffer und Weber (2016, S. 9).
[5] Vgl. Petzold und Westerkamp (2018, S. 129).
[6] Vgl. Nasca et al. (2018a, S. 80).

technischen Entwicklung und den wirtschaftlichen Chancen.[7] Die Homogenität der Basissysteme[8] und Prozesse sowie die Anpassung der Schnittstelle von Datenquelle zu Datenbank ist eine Voraussetzung für die Datenintegration und die darauf folgende Automatisierung.[9]

Die neue Technologie **Business Intelligence (BI)** fokussiert vor allem das Sammeln und Aufbereiten gewonnener Informationen und Erkenntnisse, um dadurch die Entscheidungsqualität von Entscheidern zu verbessern.[10] Führende Anbieter von BI-Anwenderwerkzeugen und Datenmanagement-Werkzeugen mit dem höchsten Marktanteil sind *SAP, Oracle, Microsoft, IBM* und *SAS*.[11] Eine Besonderheit der BI ist ihre Betonung des Aspektes der Integration, die u. a. mithilfe eines Single Point of Truth (SPOT) für die Unterstützung in der Entscheidungsfindung implementiert wird. Im SPOT werden Kennzahlen, Auswertungsdimensionen und -hierarchien, Analysemodelle sowie Metadaten in einem betriebswirtschaftlich angemessenen Maße zusammengeführt. Die BI-Forschung ist sich über die Relevanz eines SPOTs für die konsistente und effiziente Entscheidungsunterstützung einig.[12]

Durch die Digitalisierung entsteht ein immenses Datenvolumen, namentlich Big Data[13,14]. In dieser Entwicklung werden nichtfinanzielle Daten immer häufiger über soziale Medien gewonnen.[15] Daraus entstehen für Unternehmen Chancen, aber auch Herausforderungen.[16] Je mehr ein Unternehmen in der Lage ist, Big Data zu

---

[7] Vgl. Friedl (2019, S. 38).
[8] Vgl. Kreher und Gundel (2019, S. 82 ff.)
[9] Vgl. Najderek (2020, S. 131).
[10] Vgl. Becker et al. (2011, S. 226).
[11] Vgl. Bange (2016, S. 103).
[12] Vgl. Baars und Kemper (2015, S. 224).
[13] Die verbreitete Untersuchungsdefinition von Big Data ist: „data thats too big, too fast or too hard", um sie mit bestehenden Werkzeugen zu verarbeiten; vgl. Clarke (2016, S. 77).
[14] Vgl. Faroukhi et al. (2020, S. 2).
[15] Vgl. Friedl (2019, S. 38).
[16] Vgl. Kessler und Gómez (2020, S. 90).

nutzen, desto produktiver ist es.[17] Denn durch Big Data können Entscheidungen durch das Management schneller, proaktiver und basierend auf Kennzahlen getroffen werden.[18] Auch in Zukunft werden Daten voraussichtlich das Fundament der Digitalisierung darstellen.[19] Die Bedeutung von Daten ist mittlerweile so groß, dass sich die Frage stellt, inwiefern Unternehmensdaten als (immaterieller) Unternehmenswert in die Unternehmensbewertung einbezogen werden müssten.[20]

Der Erfolg eines Unternehmens hängt oft direkt von der Qualität und Verfügbarkeit der eingesetzten Daten ab.[21] Die Herausforderung besteht darin, die Daten zu speichern, zu aggregieren und zu verarbeiten und damit dem kulturellen Wandel, der die Wirtschaft und die Gesellschaft durchdringt, Rechnung zu tragen.[22] Genutzt werden solche Daten u. a. für die Rekrutierung von neuen Mitarbeitenden, zur Kundenbindung und/oder für den Aufbau einer Marke.[23] Zudem ermöglichen größere Datenmengen eine genauere Vorhersage der Zukunft.[24] So bietet Big Data beispielsweise für Anbieter von Kfz-Versicherungen die Chance, die Prämie basierend auf den Daten der Kunden zum Fahrverhalten zu individualisieren.[25]

Alleine die Verfügbarkeit von Big Data reicht allerdings nicht aus, um unternehmerisch zu profitieren.[26] Die Verarbeitung vieler unstrukturierter Daten zur gezielten Nutzung, ist das größten Potenzial und eröffnet dem Unternehmen neue Möglichkeiten in allen

---

[17] Vgl. Brynjolfsson et al. (2011, S. 31); Dwivedi et al. (2017, S. 209); Ransbotham und Kiron (2017, S. 4).
[18] Vgl. Fosso Wamba et al. (2015, 2 ff.)
[19] Vgl. Schäffer und Leyh (2017, S. 99).
[20] Vgl. Möller et al. (2017a, S. 58).
[21] Vgl. Kempter und Peters (2017, S. 33); Zechmann und Möller (2016, S. 559).
[22] Vgl. Mauro et al. (2015, S. 97); Gandomi und Haider (2015, S. 138); Chamoni und Gluchowski (2017, S. 11).
[23] Vgl. Friedl (2019, S. 38).
[24] Vgl. Friedl (2019, S. 38).
[25] Vgl. Otto und Legner (2016, S. 550).
[26] Vgl. Becker und Winkelmann (2019, S. 103).

Unternehmensbereichen.[27] Gleichwohl sollten die Vorteile der Daten den Aufwand für die Nutzung rechtfertigen.[28] Bisher kommen viele Unternehmen bei der Verarbeitung und Analyse der Daten an ihre Grenzen.[29] Zur Verarbeitung großer, unstrukturierter Datenmengen können Datenbank-Technologien wie *SAP Hana, Oracle Exalytics* oder *IBM DB2 BLU* genutzt werden. Dies stellt einen großen Vorteil im Vergleich zur Anwendung von BI dar.[30] Eine Studie des Lehrstuhls für Controlling der *Universität Stuttgart* zeigt, dass 75 % der befragten Unternehmen die Schaffung einer konsistenten Datenbasis und einheitliche Prozesse im Finanzbereich und 59 % der Unternehmen eine verbesserte Analyse und Nutzung von großen Datenmengen zum Ziel hat.[31]

Die hohen technischen Anforderungen sind ein Grund dafür, dass sich der große Hype um Big Data langsam zu relativieren scheint.[32] Ein prominentes Beispiel ist die Dienstleistung *Google Flu*[33] die aufgrund von mangelndem Erfolgs eingestellt wurde.[34] Die Datenmenge und -vielfalt, die mit Big Data einhergeht, kann durch eine kognitive Überforderung zu Fehlentscheidungen führen.[35] Ein empirischer Nachweis der Auswirkung von Big Data auf die Unternehmenssteuerung blieb bisher aus.[36] Hingegen steht fest, dass die Vorteile von Big Data nur genutzt werden können, wenn die Daten sinnvoll gemanaged werden. Durch Big Data und die Digitalisierung gewinnt das Daten-

---

[27] Vgl. Najderek (2020, S. 140).
[28] Vgl. Becker und Winkelmann (2019, S. 103).
[29] Vgl. Kessler und Gómez (2020, S. 90).
[30] Vgl. Schulte und Bülchmann (2016, S. 55).
[31] Vgl. Alexander et al. 2018, S. 55 f.; Pedell et al. (2017, S. 57).
[32] Vgl. Baars und Kemper (2015, S. 222).
[33] Google Flu war eine Dienstleistung des Unternehmens Alphabet, das versuchte die Grippehäufigkeit (Prävalenz) durch die Internetrecherche mit Fokus auf gripperelevante Suchbegriffe anzuschätzen. Vgl. Butler (2013, S. 155).
[34] Vgl. Lazer et al. (2014, S. 1203).
[35] Vgl. Merendino et al. (2018, S. 67).
[36] Vgl. Rikhardsson und Yigitbasioglu (2018, S. 42).

Tab. 2.1 Managementrelevante Datenquellen verschiedener Autoren im Vergleich

Heimel/Müller, absteigend sortiert nach Stand der Weiterentwicklung[a]	Becker/Winkelmann, absteigend sortiert nach Bedeutung[b]	Gronau et al., absteigend sortiert nach Bedeutung in Fragebogen[c]	Matzke absteigend nach Bedeutung[d]	Seufert, absteigend sortiert nach Herkunft (intern (i) oder extern (e))[e]
(i) ERP	(i) Rechnungswesen[f]	(i) ERP	(i) ERP	(i) Operative Systeme, wie ERP
(i) Analytische Data-Warehouse und BI-Systeme	(i) Investitionsrechnung	(e) Marktforschung	(i) OLAP-basierte Systeme	(i) Daten aus Analysesystemen, wie Data-Warehouse
(i) Produktions- oder Logistikprozesse mit Sensoren	(i) Finanzplanung und -rechnung	(i) Customer Relationship Management	–	(i) Content/Knowledge Management-Systeme
(i) web-basierte Anwendungen, wie soziale Netze	(i) Kostenrechnung/Erfolgsrechnung	(i), (e) Transaktionsdaten	–	(i) Web 2.0-Anwendungen wie soziale Netze
(i) Knowledge Management Systemen	(i) Externes Rechnungswesen	(i) Standortdaten	–	(i) Interne Maschinendaten (z. B. Sensorik)
(e) Internet (z. B. elektronische Marktplätze)	–	(i) Point of Sale	–	(e) Internet (z. B. elektronische Marktplätze)
(e) Social Web (z. B. Blogs)	–	(i), (e) Websites	–	(e) Social Web (z. B. Blogs)

(Fortsetzung)

Tab. 2.1 (Fortsetzung)

Heimel/Müller, absteigend sortiert nach Stand der Weiterentwicklung[a]	Becker/Winkelmann, absteigend sortiert nach Bedeutung[b]	Gronau et al., absteigend sortiert nach Bedeutung in Fragebogen[c]	Matzke absteigend nach Bedeutung[d]	Seufert, absteigend sortiert nach Herkunft (intern (i) oder extern (e))[e]
(e) Datenprovider (z. B. Research-Dienste)	–	(e) Social Media	–	(e) Datenprovider (z. B. Research-Dienste)
(e) Kooperationspartner (z. B. Lieferanten)[g]	–	(i) Mobile-App-Daten	–	(e) Kooperationspartner

[a] Vgl. Heimel und Müller (2019, S. 400).
[b] Vgl. Becker und Winkelmann (2019, S. 103 f.).
[c] Vgl. Gronau et al. (2016, S. 476).
[d] Vgl. Matzke (2013, S. 195 f.).
[e] Vgl. Seufert (2014, S. 39.)
[f] Vgl. Ribbert (2005, S. 69.)
[g] Vgl. Seufert (2014, S. 39.)

management im Unternehmen enorm an Bedeutung.[37] Bislang ist Big Data in Unternehmen allerdings noch nicht weit verbreitet, da es an Know-how bezüglich der benötigten Infrastruktur und personellen Ressourcen mangelt.[38] Lösungen für die Umsetzung in den einzelnen Schritten des Controlling-Prozesses Datenmanagement zeigt der folgende Abschnitt.

2.1.2 Digitalisierung in den Prozessschritten

Set-up des Prozesses

Zunächst gilt es für ein Prozess-Set-up, die managementrelevanten Datenquellen, meist über einen Top-down Approach, zu identifizieren.[39] Die internen Prozesse sind eine naheliegende Quelle,[40] wobei die Priorisierung der Quellen zur Unternehmensstrategie passen muss.[41] Grundlegend bei allen analytischen Verfahren ist die Nutzung vielfältiger Datenquellen, ihre Integration und die Absicherung der Datenqualität.[42] Bisher wurden üblicherweise interne Datenquellen, wie Data Warehouse-Systeme genutzt.[43] Big Data ermöglicht dem Controlling, neben internen Quellen auch externe Daten sowie unstrukturierte Daten[44] zu nutzen.[45]

Die Tab. 2.1 zeigt die Priorisierung der Datenquellen verschiedener Autoren. Die Zeilen sind nach absteigender Bedeutung, die Spalten

---

[37] Vgl. Grönke und Ahr (2017, S. 127).
[38] Vgl. Bley et al. (2020, S. 51).
[39] Vgl. Möller und Illich-Edlinger (2018, S. 58); International Group of Controlling (2017, S. 58).
[40] Vgl. Horváth et al. (2020, S. 474).
[41] Vgl. Friedl (2019, S. 38).
[42] Vgl. Gronau et al. (2016, S. 476); Kirchberg und Müller (2016, S. 83 f).
[43] Vgl. Heimel und Müller (2019, S. 400).
[44] Unstrukturierte Daten stammen aus Quellen wie Mails samt PDF Anhang, Sprache, Rechnungen, Präsentationen etc.; vgl. Fuchslueger (2016, S. 69).
[45] Vgl. Seufert (2014, S. 39); Weichel und Herrmann (2016, S. 9); Freistühler et al. (2019, S. 63); Kempkes et al. (2018, S. 136).

chronologisch geordnet. Interne Daten sind mit (i), externe Daten mit (e) abgekürzt.

Gemäß den fünf genannten Autoren gehört das Enterprise-Resource-Planning-System (ERP) zu den wichtigsten Datenquellen. Ein Grund dafür ist vermutlich, dass man internen Daten eine höhere Genauigkeit und Zweckdienlichkeit zuspricht und sowohl die Korrektheit als auch das Zustandekommen der Daten ohne großen Aufwand überprüft werden kann.[46] Letztendlich führt die Kombination aus internen und externen Daten zu einem Wettbewerbsvorteil, da Aussagen über die Ursache-Wirkungs-Beziehungen möglich sind.[47]

Datenmodell inhaltlich aufbauen und warten

Das Datenmodell definiert, inwieweit die Inhalte aus Vorsystemen für das Management relevant sind und stellt somit die datentechnische Grundlage für die darauf aufbauenden Steuerungsprozesse dar.[48] Das Datenmodell gibt die Datenstruktur vor, welche in geeigneter Form genau die Aspekte der realen Welt beschreibt, die für die Anwendung von Interesse sind.[49] Außerdem harmonisiert das Modell die Daten, die in den Vorsystemen in unterschiedlicher Form und Beschreibung vorliegen.[50] Dabei gewährleistet ein strukturiertes und einheitliches Datenmodell eine hohe Datenqualität im Reporting und stellt eine wichtige Voraussetzung dar, um vollständig harmonisierte und standardisierte Controlling-Prozesse zu schaffen.[51]

Die Datenstruktur muss es ermöglichen die Daten in einer Form zu analysieren, die für die Vorgaben des externen Rechnungswesens aus-

---

[46] Vgl. Weber (1993, S. 230).
[47] Vgl. Friedl (2019, S. 38).
[48] Vgl. International Group of Controlling (2017, S. 58).
[49] Vgl. Kempter und Peters (2017, S. 106).
[50] Vgl. Schön (2012, S. 192).
[51] Vgl. Kirchberg und Palenta (2012, S. 52).

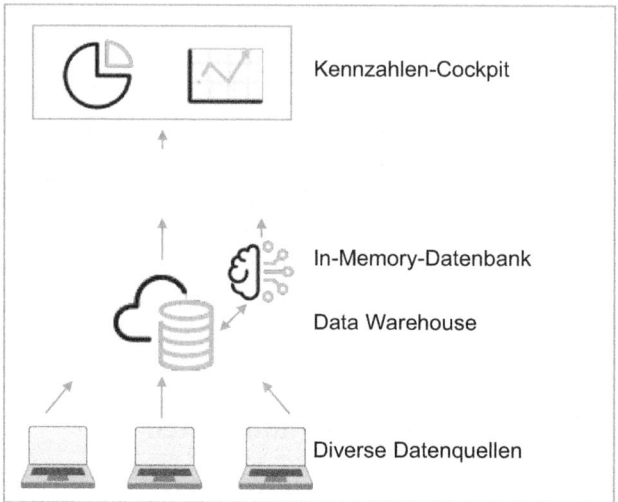

Abb. 2.1 Datenflüsse und -haltung. (Quelle: Eigene Darstellung in Anlehnung an Kempter und Peters (2017, S. 145)

reichend sind[52] und dadurch u. a. die Informationsverarbeitungskosten der Marktteilnehmer reduzieren.[53]

Datenflüsse und Datenhaltung organisieren

Von diversen Datenquellen des Unternehmens, die eine potenzielle Relevanz für die Entscheidungsfindung des Managements spielen könnten, sollen die Daten in das Data Warehouse fließen (vgl. Abb. 2.1).[54]

Um die Daten für das Data Warehouse vorzubereiten, werden Programme wie *Microsoft SSIS, IBM Cognos, SAP Business Objects, Pentaho Data Integration* verwendet.[55] Das Data Warehouse ist eine

---

[52]Vgl. Fikri et al. (2019, S. 1).
[53]Vgl. Blakespoor (2019, S. 954).
[54]Vgl. International Group of Controlling (2017, S. 5)8.
[55]Vgl. Fikri et al. (2019, S. 1).

zentrale Datenquelle, ein SPOT im Kontext der BI, das die Aufgabe der systematischen Speicherung und Bereitstellung der Daten umsetzt. Aus dieser Quelle wird das Management u. a. über das Kennzahlen-Cockpit zielgerichtet mit Informationen unterstützt.[56] Zwei der Herausforderungen von Data Warehouses sind die Speicherkapazität und die Unterschiedlichkeit der Dateitypen (wie Text, Bilder oder Videos). Eine Möglichkeit, mit den großen Datenmengen umzugehen, ist das open source Ökosystem *Hadoop,* das genau dafür entwickelt wurde.[57]

Eine weitere interessante Möglichkeit bietet das **Cloud Computing** (insbesondere NoSQL und NewSQL Speicher) mit seinen großen Datenspeichern.[58] Im Vergleich zum Jahr 2010, als noch circa 90 % aller Daten in unternehmensinternen Rechenzentren gehalten wurde, sind 10 Jahre später bereits 40 bis 50 % der Unternehmensdaten in der Cloud gespeichert.[59] Neben der größeren Speicherkapazität hat die externe Datenhaltung den Vorteil, dass die Daten automatisch aufbereitet werden können, z. B. durch OLAP-Cubes. Dadurch kann sich die Controller-Organisation auf andere Tätigkeiten konzentrieren. Ob und in welchem Maße die Unternehmenssteuerung von diesen Vorteilen profitiert, ist bisher kaum bekannt.[60] Den genannten Vorteilen stehen folgende Nachteile gegenüber:

- Großer Bedarf an Speicherkapazität[61]
- Durch das Fremdbeziehen des Datenspeichers werden Unternehmen Bestandteil eines komplexen und externen Wertschöpfungsnetzwerkes
- Hohe und schwierig planbare Kosten, z. B. durch Risikokosten für Angriffe durch Androhung des Blockierens der Daten, dem sog. Economic Denial of Service-Attacken

---

[56] Vgl. International Group of Controlling (2017, S. 58); Kempter und Peters (2017, S. 144 f.)
[57] Vgl. Costa et al. (2019, S. 1); Krishnan (2013, S. 144).
[58] Vgl. Grolinger et al. (2013, S. 1).
[59] Vgl. Kessler und Gómez (2020, S. 90).
[60] Vgl. Gärtner und Rockenschaub (2015, S. 713).
[61] Vgl. Shamsi et al. (2013, S. 288).

- Aufwand für die Überprüfung und mögliche Anpassung von Kennzahlensystemen, Kontroll- und Steuerungsmaßnahmen hinsichtlich der neuen Rahmenbedingungen[62]

Bis vor ein paar Jahren, wurden die Daten üblicherweise auf externen Speichermedien abgelegt und zum Zeitpunkt der Verarbeitung in den Hauptspeicher übertragen. Insbesondere bei sehr großen Datenmengen führte dies dazu, dass die Auswertung lange dauerte.[63] Grund für die externe Speicherung waren das bessere Preis-Leistungsverhältnis, gemessen z. B. in Preis/Gigabyte.[64]

Einen schnelleren Zugriff und Datenfluss als mit bisherigen Datenbanken ermöglichen **In-Memory-Datenbanken** (vgl. Abb. 3.1)[65], dessen vermehrte Anwendung in Unternehmen nach *Kramer* insbesondere durch die gesunkenen Stückpreise für Untersuchungsspeicher ermöglicht wurde.[66] In-Memory-Datenbanken haben folgende Vorteile:

- Der Aufbau eines redundanzfreien Datenbestandes wird erleichtert.
- Die Verwendung der In-Memory-Technik und die damit erleichterte Implementierung eines SPOTs führen in der Regel zur Konsistenz der Metadaten (z. B. Kontodaten) und der Anwendungsdaten. Durch die Konsistenz entfallen Abweichungen in Berichten aufgrund verschiedener Quellen und somit die Zeitaufwendungen, um diese Abweichungen zu bestimmen und zu besprechen.[67]
- Die In-Memory-Datenbanken ermöglichen eine effizientere Datenaufbereitung und Datenanalyse in Echtzeit. Bei herkömmlichen Datenbanken war dies nur mit vordefinierten Fragen möglich.[68]

---

[62] Vgl. Hoberg et al. (2012, S. 299).
[63] Vgl. Horváth et al. (2020, S. 479).
[64] Vgl. Sinzig (2015, S. 236).
[65] Vgl. Loos et al. (2012, S. 213); Schmitz 2018, S. 30 f.
[66] Vgl. Kramer (2018, S. 104); Fleckenstein und Fellows (2018, S. 7).
[67] Vgl. Sinzig (2015, S. 237 f.)
[68] Vgl. Gleich et al. (2018, S. 17 ff.)

- In-Memory-Datenbanken halten den kompletten Datenbestand für lesende Zugriffe im Hauptspeicher bereit und erhöhen dadurch die Lesegeschwindigkeit deutlich im Vergleich zu herkömmlichen Verfahren.[69]
- Die Informationen für das Management werden präziser, übersichtlicher und weniger fehleranfällig.[70]
- Aus der Finanzsicht ist die Flexibilität in der Anwendung noch wichtiger, als der schnellere Zugriff auf die Daten, da sich wichtige Kennzahlen, wie die Profitabilität nicht im Minutentakt ändern. Veränderungen in den Kennzahlen können flexibel auf Einzelebene, Produktebene und Kundenebene gefunden werden. Somit kann die Profitabilität eines einzelnen Produktes oder Kunden tagesaktuell analysiert werden, was sicherlich einer der wichtigsten Ziele im Controlling ist.[71]

Ein schnellerer und sicherer Zugriff auf Daten wird auch durch Plattformen ermöglicht, die auf einer **Blockchaintechnologie** basieren.[72] Eine Blockchain ist eine sequenzielle Datenbank mit Informationen, die durch Methoden des kryptographischen Nachweises gesichert ist.[73] Trotz einiger Vorteile durch Blockchain ist es aktuell fraglich, ob der Einsatz im Controlling sinnvoll ist und falls ja, wann die Technologie im Controlling eingesetzt werden könnte.[74] *Hirschfelder et al.* sehen das größte Potenzial der Blockchain in dem noch zu entwickelnden Ökosystem. Bei großflächigem Einsatz ist es vorstellbar, dass ganze Wertschöpfungsketten modifiziert oder sogar neu entstehen können.[75]

---

[69] Vgl. Loos et al. (2012, S. 213); Schmitz (2018, S. 30 f.); Horváth et al. 2020, S. 479; Sinzig (2015, S. 236).
[70] Vgl. Gleich et al. (2018, S. 58).
[71] Vgl. Gleich et al. (2018, S. 17).
[72] Vgl. Stein Smith (2020, S. 217).
[73] Vgl. Yermack (2017, S. 7).
[74] Vgl. Babich und Hilary (2020, S. 223); Prewett et al. (2020, S. 21).
[75] Vgl. Hirschfelder et al. (2018, S. 114 f.).

Materielle Qualität der Daten absichern

Eine ständige Herausforderung im Datenmanagements ist das Schaffen und Halten einer hoher Datenqualität.[76] Dabei beschreibt die Datenqualität u. a., wie gut Daten den Anforderungen aus einem Geschäftsprozess erfüllen. Eine hohe Datenqualität hilft Managern, optimale Entscheidungen effizient zu treffen, wohingegen eine niedrige Datenqualität das Urteilsvermögen von Entscheidungsträgern stark beeinflusst.[77] Besonders in Big Data-Projekten stellt die Datenqualität einen wichtigen Erfolgsfaktor dar,[78] ist aber gleichzeitig meist eine große Herausforderung.[79] Typische Datenqualitätsdimensionen sind Korrektheit, Konsistenz, Vollständigkeit, Aktualität und Verfügbarkeit der Daten.[80] Abgesehen von den Qualitätsdimensionen hängt die Qualität von dem vorgesehenen Anwendungszweck ab.[81] Für die Anwendung von Big Data im Unternehmen sollten sich die Projektleiter die Fragen stellen, ob die Daten verfügbar sind und falls ja, ob die verfügbaren Daten, gemessen an dem Projektziel, relevant sind und wie hoch der Return on Investment des Einsatz von Big Data ist.[82]

Dabei gilt zu beachten, dass die Etablierung von Maßnahmen zur Sicherung der Datenqualität durch Big Data und die zunehmende Nutzung externer Daten (z. B. Social Media) unabdingbar ist[83] und in den Verantwortungsbereich des Managements gehört.[84] Dazu müssen Anforderungen an die Datenqualität abgeleitet werden.[85] Vor allem die Kompatibilität und Konsistenz der aus verschiedenen

---

[76] Vgl. Baumöl und Homrighausen (2010, S. 499).
[77] Vgl. Dong et al. (2018, S. 122).
[78] Vgl. Marshall Anthony et al. (2015, S. 33); Cato et al. (2015 136 ff.); Kim und Park (2017, S. 262); Janssen et al. (2017, S. 343); Sanders (2016, S. 41).
[79] Vgl. Philip Chen und Zhang (2014, S. 315); Klier und Heinrich (2016, S. 488).
[80] Vgl. Otto und Österle (2016, S. 31).
[81] Vgl. Redman (1999, S. 267); Rizk et al. (2019, S. 1).
[82] Vgl. Gopalkrishnan et al. (2012, S. 8).
[83] Vgl. International Group of Controlling (2017, S. 59).
[84] Vgl. Otto und Österle (2016, S. 1).
[85] Vgl. Otto und Legner (2016, S. 554).

Quellen stammenden Daten ist sicherzustellen.[86] 33 Experteninterviews habe ergeben, dass die Datenqualität der Unternehmen häufig noch unzureichend ist. Ein Lösungsansatz ist ein unternehmensweites Datenqualitätsmanagement.[87] Erfolgreiche Beispiele für ein Datenqualitätsmanagement aus der Unternehmenspraxis der *Allianz SE, Bayer AG/Bayer CropScience AG,* der *Festo AG & Co. KG,* der *Hilti AG,* der *Johnson & Johnson AG* und der *Lanxess AG* werden im Anhang I mittels sechs Fallstudien vorgestellt.[88]

Zudem müssen die Unternehmen diese neue, heterogene Datenlandschaft des digitalen Zeitalters strukturiert erfassen. Unterschieden werden dabei Nukleus-Daten (Kerngeschäftsobjekte eines Unternehmens, wie z. B. Daten des Lieferanten), Community-Daten (z. B. standardisierte Daten zu Währungs- und Ländercodes) und Big Data (Gesamtheit aller Daten).[89] Den Nukleus-Daten kommen heute, wenn sie granular und fehlerfrei vorliegen, eine noch größere Rolle zu, als bisher, da sie die Grundlage für die Nutzung großer Datenmengen etwa durch Predictive Analytics oder Treiberbäume darstellen.[90]

Notwendige Rollen festlegen und Controller-Organisation positionieren

Die Rolle des Controllers unterliegt einem stetigen Wandel.[91] Ein Treiber des Wandels ist die Digitalisierung.[92] Neben der Rolle des Controllers verändern sich dessen Anforderungen sowie Aufgaben im Unternehmen.[93] Controller müssen über Fähigkeiten im Umgang

---

[86] Vgl. Heimel und Müller (2019, S. 413); Schäffer und Weber (2016, S. 9).
[87] Vgl. Schäffer und Leyh (2017, S. 109).
[88] Vgl. Otto und Österle (2016, S. 45).
[89] Vgl. Otto und Legner (2016, S. 554).
[90] Vgl. Schäffer und Weber (2016, S. 9).
[91] Vgl. Niedermayr-Kruse und Losbichler (2016, S. 66 ff.).
[92] Vgl. Bensberg und Buscher (2017, S. 9).
[93] Vgl. Koch und Storm (2020, S. 38); Friedl (2019, S. 40).

mit Big Data verfügen.[94] Um das eigene Unternehmen von den Vorteilen von Big Data zu überzeugen, übernimmt der Controller eine Botschafterrolle. Dabei empfiehlt es sich, mit Pilotprojekten zu starten.[95] Außerdem wird es dringend Zeit, digitale Kompetenzen im Controller-Kompetenzmodell aufzunehmen[96], zumal die *WHU-Zukunftsstudie* zeigt, dass die befragten Controller und CFOs die Fähigkeit zur Analyse großer Datenmenge als in ihrem Unternehmen unterdurchschnittlich ausgeprägt einschätzen.[97]

Möchte die Controlling-Organisation weiterhin der SPOT im Unternehmen sein, hat das weitreichende Konsequenzen – nicht zuletzt auch für die Organisation des Daten-Managements.[98] Die Digitalisierung ist für die Rolle der Controlling-Organisation Risiko und Chance zugleich. Die automatisierte Informationsaufbereitung sowie der ubiquitäre, breite Informationszugang des Managements ist für die Controlling-Organisation riskant, da oftmals die Beteiligung des Controllers wegfällt, der zum Beispiel bisher die Berichte kommentierte oder im persönlichen Gespräch als Critical Counterpart agierte. Die Bedeutung der mediierenden Funktion des Controllers zwischen Daten und Management wird von den Unternehmen massiv unterschätzt.[99]

Die Chancen der Automatisierung für die Controlling-Organisation liegen u. a. darin, Big Data für Reporting, Planungs- und Analysezwecke nutzbar zu machen. Beispielsweise kann die Integration von Big Data im Reporting die Aktualität und Aussagekraft deutlich erhöhen.[100] Big Data ist für die Controlling-Organisation die Chance sich als Impulsgeber und Wegweiser bei der Gestaltung der Zukunft zu beteiligen und so seine Daseinsberechtigung im Zuge der Automatisierung von Geschäftsprozessen zu behalten. Um sich Wett-

---

[94] Vgl. Schäffer und Brückner (2019, S. 15); Schöning et al. 2020, S. 63.
[95] Vgl. Weichel und Herrmann (2016, S. 14).
[96] Vgl. Schöning et al. (2020, S. 63).
[97] Vgl. Schäffer und Weber (2018, S. 4).
[98] Vgl. Schäffer und Weber (2016, S. 9); Horváth (2017, S. 123).
[99] Vgl. Abel und Nevries (2019, S. 79).
[100] Vgl. Egle und Keimer (2018, S. 51); Weichel und Herrmann (2016, S. 10).

bewerbsvorteile bzw. die Unternehmensexistenz zu sichern, muss das Controlling mehr als bereichsübergreifende Funktion in die Unternehmensführung integriert werden. Nur dadurch kann die Rolle der Controller-Organisation auch in Zukunft wachsen.[101]

Zur Abgrenzung der Rolle des Controllers bzw. der Controller-Organisation im Rahmen der Digitalisierung gibt es zwei mögliche Aufgaben: Entweder muss der Controller für alle Daten in dem SPOT selbst verantwortlich sein oder Qualitätsstandards vorgeben und deren Einhaltung kontrollieren.[102] Das heißt, dass die Federführung und somit die Datenhoheit über finanzielle und nicht-finanzielle Daten im Controlling liegen sollte. Vor dem Hintergrund einer digitalisierungsinduzierten Integration von Daten und Prozessen macht es laut *Schäffer/Weber* keinen Sinn, dass die kundenbezogenen Daten oft noch in der Obhut des Vertriebs oder nicht-finanzbezogene Personaldaten in der Verantwortung der Personalabteilung liegen.[103] Ein integriertes Datenmanagement ist für *Friedl* der Schlüssel zu mehr Effizienz im Controlling und bildet gleichzeitig eine wichtige Grundlage für eine stärker beratende Rolle des Controllers.[104]

Eine hohe oder sogar steigende Bedeutung der Controller-Organisation geht mit einer Akzeptanz des Controllers als Business-Partner einher. Dies ist an folgenden Rahmenbedingungen geknüpft:

- Erst die Digitalisierung macht aus dem Controller einen echten Business-Partner[105], wobei der Controller den Entscheidungsträgern aufzeigen muss, wie der Erfolg der digitalen Transformation gemessen und bewertet wird.[106]
- Eine Neuausrichtung der Personalentwicklung und Weiterbildung, um das Business-Partnering als einen zentralen Hebel zur Steigerung

---

[101] Vgl. Schulte und Bülchmann (2016, S. 55).
[102] Vgl. International Group of Controlling (2017, S. 59).
[103] Vgl. Schäffer und Weber (2016, S. 9).
[104] Vgl. Friedl (2019, S. 38).
[105] Vgl. Drerup et al. (2018, S. 12).
[106] Vgl. Egle und Keimer (2018, S. 50).

der Leistungsfähigkeit im Controlling zu nutzen.[107] Als Handlungsempfehlung aus der Praxis empfehlen die *Hilti AG* in Zusammenarbeit mit *Prof. Klaus Möller* der Controlling-Organisation ein unternehmensindividuelles Kompetenzmodell in Abstimmung mit dem Performance-Management-System zu entwickeln.[108]

- Die Erweiterung des Controllerverständnisses des Business-Partners um die Facetten des Data Scientists.[109] *Friedl* gibt ergänzend zu bedenken, dass der Controller nicht den Fehler machen darf, sich in der Rolle als Data Scientist auf die Datenanalyse zu beschränken.[110] *Steiner* und *Welker* sind dagegen überzeugt, dass es illusorisch für den Controller sei, zusätzlich zu den typischen Controlleraufgaben die Aufgabe des Data Scientist übernehmen zu können.[111] *Horváth* ist auch der Meinung, dass die beiden Rollen des Controllers und Data-Scientists zu trennen sind. Für ihn ist die Aufgabe des Controllers eine koordinierende, indem er erstens dem Data-Scientist die richtigen Fragen stellt und zweitens die Ergebnisse der Analysen aus Sicht der Unternehmensführung beurteilt, da dem Data-Scientist Management-Know-how fehlt.[112]

Governance-Prozesse aufsetzen und kontinuierliche Verbesserungen durchführen

Eine klare Governance ist eine der wichtigsten Voraussetzungen für die Etablierung und Umsetzung des Wandels zur digitalen Unternehmenssteuerung, die die Zukunftsfähigkeit des Unternehmens sichert.[113] Die Data Governance hat das Ziel, die Verwertung von Daten im Unter-

---

[107] Vgl. Nobach und Immel (2017, S. 81).
[108] Vgl. Möller et al. (2017b, S. 67).
[109] Vgl. Losbichler und Gänßlen (2018, S. 32).
[110] Vgl. Friedl (2019, S. 40).
[111] Vgl. Steiner und Welker (2016, S. 72).
[112] Vgl. Horváth (2017, S. 124).
[113] Vgl. Kirchmann et al. (2016, S. 34).

nehmen zu optimieren.[114] Ohne eine solide Datengovernance können Unternehmen nicht von Daten profitieren.[115] Data Governance bezieht sich auf die Organisation und die Implementierung von Regeln und Verantwortlichkeiten, die die Entscheidungsfindung und Verantwortlichkeiten bezüglich der Datenbestände einer Organisation durchsetzen. Die Ergebnisse von Fragebögen zeigen, dass eine gute Data Governance einen effizienten Austausch von Daten ermöglicht, der wiederum die Innovationskraft stärkt.[116] Vor dem Hintergrund, dass CFOs durch die Digitalisierung deutlich mehr abverlangt wird als in der Vergangenheit, macht es im Rahmen der Data Governance und der kontinuierlichen Verbesserung des Datenmanagements Sinn die Prozesse, Systeme und Qualifikationen sowie andere Formen der Zusammenarbeit kritisch zu hinterfragen und ggf. zu optimieren.[117]

Die Grundlage für eine den Entscheidern entsprechende Daten- bzw. Informationsqualität ist die systematische Erhebung, Bewertung und Verbesserung der Datenqualität.[118] Für die Erhebung und Bewertung schlägt *Möller* eine nutzungsbasierte Bewertungsmethode vor, die aus den folgenden Schritten besteht: „1.) Bewertungskontext festlegen, 2.) Datenqualität messen, 3.) Wirkungsbeziehungen zwischen Datennutzung und finanziellen Effekten erheben, 4.) Finanzielle Effekte messen, 5.) Datenbewertung durchführen und 6.) Analysieren und Steuerungsmaßnahmen ableiten."[119]

Als Voraussetzung für die dauerhafte Verbesserung der Datenqualität schlagen *Otto* und *Österle* klare unternehmensinterne Regeln vor. Dazu sollen Data Owner identifiziert und voll für die Datenklassen verantwortlich gemacht werden. Zum Beispiel der Leiter des Einkaufs, der in Bezug auf die mangelnde Datenqualität der Lieferantenstammdaten

---

[114] Vgl. Otto (2011, S. 241).
[115] Vgl. Ransbotham und Kiron (2017, S. 4).
[116] Vgl. Benfeldt et al. (2020, S. 299).
[117] Vgl. Grönke und Ahr (2017, S. 127).
[118] Vgl. Baumöl und Meschke (2009, S. 62).
[119] Vgl. Möller et al. (2017a, S. 57).

ohnehin einen größeren Leidensdruck hat. Um eine unnötige Bürokratie zu vermeiden, könnten für das Aufstellen der Regeln bestehende Gremien genutzt werden.[120] Ein Führungssystem für das Datenmanagement, ist aus den strategischen Vorgaben abzuleiten, welches messbare Ziele für die Datenqualität festlegt.[121] Die Governance-Prozesse können dabei z. B. von der Controller-Organisation definiert werden.[122]

2.1.3 Lösungsansätze im Datenmanagement

Daten und vor allem die daraus abgeleiteten Informationen stellen mittlerweile eine Grundlage für den wirtschaftlichen Unternehmenserfolg dar. Die Möglichkeiten, die Big Data bietet, sind sehr groß, wobei die Nutzung dieser Möglichkeiten technisches Know-how und IT-Unterstützung voraussetzen. Das ERP-System ist die wichtigste Datenquelle. Die Datenhaltung erfolgt in immer mehr Unternehmen durch Datenclouds, da die Vorteile der großen Datenspeicher die Nachteile wie Sicherheitsrisiken und Implementierungsaufwendungen in vielen Fällen überwiegen. Der Zugriff auf die Datenspeicher wird mehr und mehr durch In-Memory-Datenbanken beschleunigt, da die Kosten gesunken sind. Noch schneller wird der Zugriff durch die Blockchaintechnologie werden, sobald diese ausgereift ist.

Die Datenqualität in den Unternehmen ist häufig noch ungenügend, was die Bedeutung des Datenqualitätsmanagements erhöht. Die Datenintegration mittels eines SPOTs ermöglicht eine effizientere Automatisierung der Controlling-Prozesse des Datenmanagements, insbesondere der Datenauswertung anhand von BI. Diese Entwicklung könnte zu einer stärker beratenden Rolle des Controllers und

---

[120] Vgl. Otto et al. (2012, S. 192 f.)
[121] Vgl. Otto und Gizanis (2010, S. 72).
[122] Vgl. International Group of Controlling (2017, S. 59).

Akzeptanz des Controllers als Business Partner führen, wenn das Knowhow des Controllers durch ein unternehmensindividuelles erweitertes Kompetenzmodell mit der technischen Entwicklung durch die fortschreitende Digitalisierung Schritt hält.

2.2 Management Reporting

2.2.1 Übersicht über die Digitalisierung im Management Reporting

Laut *Gleich et al.* ist das Management Reporting ein herausragender Controlling-Hauptprozess, da es erstens einen Berührungspunkt zwischen Controlling-Organisation und Controlling-Kunden darstellt und zweitens der Prozess ist, der die meisten Ressourcen benötigt (20 % der Mitarbeitendenressourcen der Controlling-Organisation).[123] Wie kaum ein anderer Controlling-Prozess ist das Reporting zweidimensional von der Digitalisierung betroffen. Erstens muss es sich im Hinblick auf die spezifischen Bedarfe digitaler Geschäftsmodelle inhaltlich weitgehend neu ausrichten. Zweitens ist es notwendig, dass sich das Reporting selbst digitaler Möglichkeiten bedient, um zu erkennen, wie man höhere Wertbeiträge generieren kann.[124] Neue technologische Entwicklungen, wie Big Data, Predictive Analytics, In-Memory Computing, Cloud Computing, Mobile-Apps, Digital Board Room, Internet of Things, Industrie 4.0 ermöglichen sowohl eine zeitlich als auch qualitativ neue Dimension des Reportings sowie schnellere und automatisierte Prozessabläufe.[125]

Der Einsatz der Digitalisierung im Management Reporting nimmt zu. Erklären lässt sich der vermehrte Einsatz durch folgende Vorteile:

---

[123] Vgl. Gleich et al. (2014, S. 369).
[124] Vgl. Muff (2019, S. 94).
[125] Vgl. International Group of Controlling (2017, S. 48).

- Abläufe lassen sich leichter automatisieren.[126]
- Die Situierung (d. h. Anpassung an die Entscheidungssituation) und Individualisierung (d. h. Anpassung an die persönlichen Präferenzen der Entscheider) lässt sich erhöhen.[127]
- Größere Datenmengen können verarbeitet und umfassendere Transformationsprozesse realisiert werden.
- Es entsteht eine größere Vielfalt an Darstellungs- und Übermittlungsformen.

Die aufgezählten Punkte ermöglichen eine höhere Effektivität und Effizienz und somit einen höheren Zielerreichungsgrad im Management Reporting. Die Effektivität (die richtigen Dinge tun) kann u. a. durch eine höhere Relevanz, Aktualität und Konsistenz der Informationen gesteigert werden. Die Effizienz (die Dinge richtig tun), geht mit einer Kosten- und Zeitersparnis einher.[128] Weitere Vorteile im Management Reporting durch die Digitalisierung sind folgende:

1. ein stärkeres Augenmerk auf die Plausibilisierung der Qualität der zugrundeliegenden Daten, z. B. durch automatisiertes Erkennen von Ausreißern, fehlenden Informationen oder Dateninkonsistenzen.
2. ein einfacheres Visualisieren großer Datenmengen.[129]
3. Die Digitalisierung beeinflusst im Reporting vor allem die Berichtsaktualität.[130] Dies befähigt natürlich das Unternehmen, auch in Echtzeit auf das Berichtete zu reagieren.[131] Dabei ist die Verbindung zwischen Management Reporting und Risikomanagement sehr wichtig, da das Management Reporting nur die Risiken berichten kann, die vom Risikocontrolling aufgedeckt und kommuniziert wurden.[132]

---

[126] Vgl. Weber et al. (2012, S. 49).
[127] Vgl. Meier (2006, S. 66 ff.)
[128] Vgl. Taschner (2013, S. 163).
[129] Vgl. International Group of Controlling (2017, S. 49).
[130] Vgl. Kempkes et al. (2018, S. 134).
[131] Vgl. Michel (2017, S. 47).
[132] Vgl. Cohen et al. (2017, S. 1178).

4. Das Berichtswesen gewinnt an Aussagekraft, da mit Predicitve und Prescriptive Analytics Forecastinformationen deutlich effizienter, schneller und in kürzeren Intervallen generiert werden.[133]
5. Das Berichtswesen gewinnt an Flexibilität.

   a) Da Algorithmen die verwendeten Kennzahlen regelmäßig auf ihre empirische Relevanz prüfen und situativ auf Basis der aktuellen Situation anpassen. Somit passen sich Berichte automatisch so an, dass die relevanten Stellhebel zur Gegensteuerung priorisiert dargestellt werden.[134]

   b) Ermöglicht werden mehr interaktive „online"-Berichte in verschiedenen Formaten auf PC, Laptop, Mobiltelefon oder Uhr.[135]

6. Stärkere Eigenanalyse durch die Führungskräfte, jedoch mit Mehraufwand zur Sicherung der „One-Version-of-the-Truth".[136]

Das Ziel des Management Reportings ist es, entscheidungsrelevante Informationen im Sinne von Zielbezug/-erreichungsgrad empfängerbezogen für die Steuerung des Unternehmens zeitnah zu erstellen und zu berichten. Die Standard- und Ad-hoc-Berichte beinhalten üblicherweise finanzielle und nicht-finanzielle Informationen aus dem Rückblick, dem aktuellen Stand und dem Forecast. Aus der Gewinn- und Verlustrechnung (GuV), der Bilanz etc. werden Abweichungen identifiziert und Maßnahmen mit dem Management erarbeitet. Das Reporting enthält auch Dashboards/Cockpits, die verschiedene Berichtsdimensionen aufzeigen und zum Teil interaktiv genutzt werden können.[137]

Nach *Horváth* gilt es, im Berichtswesen die Prozesse zu verschlanken, ein zukunftsorientiertes und adressatengerechtes Reporting (u. a. durch

---

[133] Vgl. Bange (2017, S. 32).
[134] Vgl. Bange (2017, S. 32).
[135] Vgl. International Group of Controlling (2017, S. 49).
[136] Vgl. International Group of Controlling (2017, S. 49).
[137] Vgl. International Group of Controlling (2017, S. 45).

Self-Service Reporting[138]) zu etablieren und neue Medien zu nutzen.[139] Die üblichen Verfahren des Management Reportings der beschreibenden (Was ist passiert?) und diagnostischen (Warum ist es passiert?) Analysen werden mittels Advanced Analytics um zukunftsbasierte Analysen im Rahmen von prädikative (Was wird passieren?) und präskriptive (Was ist zu tun?) Analysen ergänzt.[140]

Dem großen personellen Aufwand im Management Reporting ließe sich zukünftig durch **Robotic Process Automation** (RPA) entgegenwirken.[141] RPA beschreibt eine roboterbasierte Automatisierung von Aktivitäten, Aufgaben, Prozessen und Transaktionen in einem oder mehreren voneinander unabhängigen (Software-)Systemen, welche vor dem Zeitpunkt der Automatisierung manuell ausgeführt wurden. RPA wird durch sogenannte digitale Roboter (Bots) in Systemen implementiert, welche manuell ausgeführte Arbeitsschritte nachbilden.[142]

Die sog. Heat-Map von *Langmann* zeigt, dass das Management Reportings sogar der von RPA am stärksten betroffene Prozess des Controlling-Prozessmodell 1.0 ist.[143] Eine aktuelle Befragung zeigt, dass bisher nur 8,31 % der teilnehmenden Unternehmen RPA einsetzten, allerdings 79,38 % einem wachsenden Einsatztrend zustimmen.[144] Die Controlling-Prozesse, die sich besonders für die Automatisierung mittels RPA eignen, sind Prozesse, die nach eindeutigen Regeln ablaufen, wenig Ermessensspielraum beinhalten, repetitiv sind und sich nicht verändern. Somit könnte die Controlling-Organisation beispielsweise im Rahmen eines Monatsabschlusses die Anmeldung am ERP-System, den Aufruf einer Transaktion, die Auswahl einer zeitraumspezifischen Datenselektion, den Download und die Übertragung der Daten im MS-Excel

---

[138] Manager sind mithilfe des Self-Service in der Lage wichtige Informationen bezüglich der Unternehmenssteuerung selbstständig, direkt, ortsunabhängig und in Echtzeit zu filtern. vgl. Feldbauer-Durstmüller und Mayr (2019, S. 197); Najderek (2020, S. 134).
[139] Vgl. Horváth et al. 2020, S. 485.
[140] Vgl. Kajüter et al. (2019, S. 141).
[141] Vgl. Aguirre und Rodriguez (2017, S. 65); Knauer et al. (2020, S. 74).
[142] Vgl. Springer (2020, S. 69).
[143] Vgl. Langmann und Turi (2020, S. 28).
[144] Vgl. Knauer et al. (2020, S. 68).

in ein anderes Programm und das Verfassen und Absenden einer standardisierten E-Mail über MS-Outlook automatisieren.[145]

Die *Merck KGaA* setzt auf den verstärkten Einsatz von RPA. Der Finanzvorstand sieht die Vorteile von RPA besonders darin, dass sie weniger fehleranfällig als Menschen ist und man sie 24 h, sieben Tage die Woche einsetzen kann.[146] Ein Roboter lässt sich einfach „steuern", und alle seine Schritte werden dokumentiert, wodurch sich die Einhaltung von Compliance-Regeln sicherstellen und nachweisen lässt. Außerdem lässt sich RPA einfach skalieren, da die Konfiguration sich auf beliebig viele andere Roboter übertragen lässt.[147] Die führenden Anbieter von RPA sind *UiPath, Blue Prism* und *Automation Anywhere;* eine Übersicht mit den wichtigsten Eckdaten der Anbieter gibt Anhang II.

Durch mehr Möglichkeiten erhöhen sich allerdings auch die Anforderungen an die technischen Systeme.[148] Das Reporting steht vor der Herausforderung, die erhöhte Informationsvielfalt in einem Steuerungssystem zu erfassen, adressatengerecht aufzubereiten und auf das Wesentliche zu verdichten.[149] Nur so kann das Management entsprechend situationsadäquat reagieren und somit Big Data als Wettbewerbsvorteil nutzen.[150]

Mit mehreren Insellösungen, also ohne **eine integrierte IT-Lösung,** verlieren Unternehmen durch das aufwendige Zusammentragen von Daten im Rahmen der Berichterstattung wichtige Ressourcen und/ oder sogar den Überblick über die Zusammenhänge im Unternehmen. Allerdings ist die Datenintegration der OLTP-Systeme (Online Transaction Processing) mit dem Data Warehouse in den letzten Jahren deutlich einfacher geworden, sodass die Anzahl angebundener Datenquellen

---

[145] Vgl. Sejdić (2020, S. 63); van der Aalst et al. (2018, S. 269).
[146] Vgl. Weber (2018, S. 25).
[147] Vgl. Hermann et al. (2018, S. 29).
[148] Vgl. Dülken et al. (2017, S. 167 f.)
[149] Vgl. Kempkes et al. (2018, S. 135); Rasche und Schmidt-Gothan (2018, S. 1983).
[150] Vgl. Rasche und Schmidt-Gothan (2018, S. 1984).

zunimmt. Zudem nehmen die Frequenz der Datenaktualisierungen in den Systemen zu.

In-Memory-Datenbanken versprechen, den Trend der Echtzeitdaten[151] und eine höhere sowie ganzheitlichere Prozesstransparenz umsetzbar zu machen. Die aufwendige Datenaufbereitung und Visualisierung wird durch die Etablierung eines dynamischen Management-Cockpits mit individuellen Analysemöglichkeiten ersetzt.[152] Obwohl das digitale Potenzial der Digitalisierung im Reporting sehr hoch ist, wird es in Unternehmen bisher wenig umgesetzt. Aus diesem Grund sind die digitalen Potenziale im verwendeten Prozessmodell der *IGC* noch nicht als Standard definiert.[153] Wie die Umsetzung der Digitalisierung heute und zukünftig in den einzelnen Schritten des Controlling-Prozesses Management Reporting aussehen können, wird in Abschn. 3.2.2. erklärt.

2.2.2 Digitalisierung in den Prozessschritten

Set-up des Prozesses vornehmen

Ein erfolgreiches Management Reporting setzt das Set-up eines klaren betriebswirtschaftlichen Steuerungskonzepts für das Unternehmen voraus, in dem definiert ist, wie die einzelnen Organisationseinheiten innerhalb des Unternehmens gesteuert werden und welche Informationen an welche Empfänger gelangen sollen. Dafür werden Analysedimensionen, Berichtsstrukturen, Kennzahlen, Verantwortlichkeiten sowie Empfänger definiert.[154]

Die Voraussetzung für mehrere **Analysedimensionen** ist ein Datenwürfel,[155] in dessen Kanten die jeweiligen Dimensionen dargestellt

---

[151] Vgl. Becker und Winkelmann (2019, S. 104).
[152] Vgl. Gleich et al. (2018, S. 57).
[153] Vgl. International Group of Controlling (2017, S. 48).
[154] Vgl. International Group of Controlling (2017, S. 46).
[155] Vgl. Reichmann et al. (2017, S. 154).

werden, während sich die jeweiligen Kennzahlen in den Zellen des Würfels befinden. Relevante Kennzahlen wie der Umsatz können nach mehreren Dimensionen gleichzeitig (z. B. nach Produkt, nach Zeiteinheit und nach Standort) analysiert werden.[156] Zur Umsetzung wird mit Online Analytical Processing (OLAP) eine mehrdimensionale Konzeption für die Strukturierung von Datenbanken verwendet.[157]

Bei der **Strukturierung des Berichts** wird festgelegt, welchen Ordnungskriterien der Aufbau des Reports folgt. Der Aufbau wird beeinflusst durch die strategischen Beobachtungsfelder/Segmente, den identifizierten Wertschöpfungsfluss und die Organisation.[158] Moderne **Kennzahlensysteme** erleichtern den Einbezug von externen Online-Kennzahlen und mehr zukunftsgerichteten Kennzahlen zur Frühindikation wie dem Auftragseingang. Die Kennzahlen können in Echtzeit und individualisiert, d. h. stufen- und adressatengerecht in einem Auftragscockpit dargestellt werden.[159] Das Auswertungsverfahren Big Data Analytics erlaubt ein vielschichtiges Auswerten der Daten und das Erkennen von Zusammenhängen, die ohne neue Technologien nicht offensichtlich sind.[160]

Die **Verantwortlichkeit** hängt von der Art des Berichts ab. Im Self-Reporting besteht eine Holschuld der Führungskräfte. Auch Nicht-Experten werden durch die umfassende IT-Unterstützung befähigt, die jeweils benötigten Informationen zu generieren und zu analysieren. Im Falle einer **Reporting Factory**[161] wird die Verantwortung aufgrund eines hohen Anspruchs an Effektivität und Effizienz einer dafür gebildeten Organisationseinheit zugeteilt.[162] Im Co-operative

---

[156] Vgl. Strohmeier (2008, S. 60).
[157] Vgl. Reichmann et al. (2017, S. 154).
[158] Vgl. Schmidt (2016, S. 36).
[159] Vgl. Sidler und Gerussi (2020, S. 251); Keimer und Egle (2020, S. 1).
[160] Vgl. Keimer und Egle (2020, S. 1).
[161] „Eine Reporting Factory ist eine dezidierte Einheit, die allgemein gesprochen für das Bereitstellen von Berichten zuständig ist. Sie gewährleistet eine effiziente Aufbereitung von Daten und stellt die daraus generierten Informationen den Adressaten zur Verfügung". vgl. Schmitz et al. (2014, S. 2).
[162] Vgl. Taschner (2014, S. 13); Gräf und Isensee (2013, S. 91).

Reporting wird aus der Not eine Tugend gemacht, indem die enge Verflechtung mit anderen Unternehmen als Chance genutzt wird, um im Management Reporting gemeinsame Anforderungen zu bündeln sowie Synergien zu nutzen, ohne dabei die Individualität aus den Augen zu verlieren.[163]

Der Empfängerkreis ist durch die Digitalisierung flexibler. Ein Teilnehmerkreis kann unabhängig vom Untersuchungsort festgelegt werden. Die Empfänger, also die Personen, die Zugang zu den Informationen haben sollen, lassen sich im digitalen Management Reporting leicht definieren. Die Datenabfrage erfolgt rechtegesteuert. Somit erhält der jeweilige Bericht nur die Daten, für die der Anwender autorisiert ist.[164] Die Art der Informationsversorgung und der -aufbereitung muss zu den Bedürfnissen des jeweiligen Managements, getrieben durch das jeweilige Geschäftsmodell, sowie der Marktanforderung passen.[165] In dem Steuerungskonzept ist Folgendes festzulegen:

- Steuerungsebenen (z. B. Konzern, Segment, Gesellschaft),
- Steuerungseinheiten (z. B. Gesellschaft A, B, C...)
- Steuerungsdimension (z. B. Wachstum, Ertragsstärke, finanzielle Stabilität, ...) und
- Steuerungskennzahlen (z. B. Umsatz, EBIT-Marge, Free Cashflow...).[166]

Der Zugriff auf die Berichte erfolgt via Intranet oder Internet. In den letzten Jahren entwickelte sich immer mehr die Möglichkeit des ortsunabhängigen Zugriffs auf Berichte durch mobile Endgeräte. Eine wichtige Anforderung ist die einfache Benutzbarkeit, sodass Führungs- und Fachkräften beispielsweise individuelle Ad-hoc-Reportings eigenständig erstellen können, ohne dabei auf die Unterstützung von IT-Mitarbeit angewiesen zu sein. Die einfachere und kostengünstigere

---

[163] Vgl. Weiblen et al. (2010, S. 244).
[164] Vgl. Bange (2016, S. 115); International Group of Controlling (2017, S. 46).
[165] Vgl. Kroll und Kittelberger (2014, S. 189); Eschenbach und Siller (2019, S. 355).
[166] Vgl. Waniczek et al. (2018, S. 57).

Erstellung und Verteilung von Berichten ist die Voraussetzung für die weitere Verbreitung von Informationen in Organisationen.[167]

Reportingsystem-/Datenprozess managen

Das Datenmodell wird durch entsprechende IT-Systeme in der Gesamt-IT-Architektur des Unternehmens eingebunden.[168] Neue Technologien erübrigen klassische IT-Architekturen, führen zu einer Reduktion von Schnittstellen und reduzieren den Aufwand im Management Reporting.[169] Die Betreuung der Reporting-Systeme beinhaltet die Sicherstellung von strukturierten Datenprozessen (Datensammlung, -haltung, -aufbereitung, -analyse, -verteilung), die Pflege der Schnittstellen zu den Vorsystemen, die Erstellung und Pflege von Berichten im System und die Unterstützung der Anwender im Umgang mit Berichtssystemen.[170] Die transaktionalen Teilprozesse des Controllings, wie die Datensammlung, werden künftig weitestgehend automatisiert, wobei bereits heute personelle Ressourcen aufgrund der IT-Lösungen reduziert werden.[171]

Nach Einschätzung von *Becker* und *Ulrich* müssen der Controller und insbesondere die Führungskräfte im Controllerbereich die Prozessorientierung und auch eine wirksame Form des Prozessmanagements im eigenen Umfeld konsequent implementieren. Nur so lassen sich die Leistungen permanent bewerten und weiterentwickeln. Die Bewertung beinhaltet die Produkte (welche im Controllingumfeld größtenteils auf den Prozessen basieren) und Ressourcen (insbesondere Controller und IT-Unterstützung).[172] Die Ressourcenallokation im Management Reporting zeigt oftmals, dass Controller intensiv in die Sammlung, Aufbereitung, Aggregation und Plausibilisierung von Daten involviert sind. Vernachlässigt oder dem Management selbst überlassen werden dagegen

---

[167] Vgl. Bange (2016, S. 114 ff.).
[168] Vgl. International Group of Controlling (2017, S. 46).
[169] Vgl. Kirchmann et al. (2016, S. 29).
[170] Vgl. International Group of Controlling (2017, S. 46).
[171] Vgl. Kirchberg und Müller (2016, S. 94).
[172] Vgl. Gleich et al. (2016, S. 136).

oft die Aufgaben der geschäftsspezifischen Analyse, die Interpretation von Abweichungen, die Kommentierung der Berichtsinhalte und die persönliche Präsentation und Erläuterung der Berichte gegenüber dem Management.[173]

Datenanalyse durchführen und Berichte erstellen (Zahlenteil)

Im Zuge von Big Data steht das Management Reporting vor der Herausforderung, nicht nur standardisierte, sondern kontextabhängige Berichte zu erstellen, die eine Individualisierung des Berichts nach hochaggregierten Kennzahlen ermöglichen.[174] Zunächst erfolgt die Datensammlung und Analyse der Relevanz der Daten.[175] IT-Systeme werden mit dem Ziel eingesetzt, eine effiziente und effektive Bereitstellung von zu verarbeitenden Daten und Informationen zu gewährleisten.[176]

Datenanalyse in vier Schritten

1. Identifizierung der Vorsysteme wie z. B. Lagerbuchführung (welche meist durch ERP Systeme gemanaged werden) oder externen Quellen wie Marktforschungsinstitute (vgl. Abschn. Datenmanagement), und Sammeln der Daten (standardisierter Prozessschritt).[177]
2. Umwandeln der Daten, der sogenannte ETL-Prozess (Extraktion, Transformation und Laden). Ziel des Controllers sind konsistente, also widerspruchsfreie Daten aus unterschiedlichen Quellen oder Erfassungszeitpunkten.
3. Speichern und Laden der Daten im Data Warehouse, welches in den meisten Unternehmen bereits auf einer gemeinsamen Datenbasis basiert.[178]

---

[173] Vgl. Horváth und Michel (2012, S. 310).
[174] Vgl. Kempkes et al. (2018, S. 135).
[175] Vgl. International Group of Controlling (2017, S. 47).
[176] Vgl. Becker und Winkelmann (2019, S. 104).
[177] Vgl. Stephenson et al. (2013, S. 354).
[178] Vgl. Kirchmann et al. (2016, S. 32).

> 4. Auswerten der Daten mittels OLAP-Abfragen und Data Mining. OLAP-Abfragen bieten sich bei analytisch komplexen Abfragen an. Die mehrdimensionale Analysefunktion ermöglicht eine Vielzahl von Sichten und Darstellungsweisen, wie z. B. die Vertriebsleistung nach Region, Produkt und Vertriebsweg.[179]

Der Bedarf, in der Unternehmenspraxis Berichte in Echtzeit erstellen zu können, steigt.[180] Anhand des **Machine Learnings (ML)** können dem Controlling in kurzer Zeit Informationen aus großen Mengen an unstrukturierten und strukturierten Daten, bereitgestellt werden. Durch die echtzeitnahe Verarbeitung der Daten können Frühwarnsysteme implementiert werden.[181] Die Software *Interpris* basiert auf ML und integriert qualitative Daten direkt von Social Media, Online-Fragebogen-Tools, Bilder, Videos etc.[182]

Während in der Analytik in der Regel fortgeschrittene Techniken auf der Grundlage des maschinellen Lernens eingesetzt werden, verwendet **BI** häufig OLAP, Dashboards und Scorecards für die Berichterstattung. **Augmented Analytics** verschiebt die Grenzen zwischen BI und fortgeschrittener Analytik, indem es BI-Anwendern fortgeschrittene Techniken des maschinellen Lernens und der künstlichen Intelligenz[183] zur Verfügung stellt. Augmented Analytics automatisiert den gesamten Analysezyklus durch die Anwendung von KI, insbesondere maschinelles Lernen und naturaler Sprachverarbeitung.[184]

Um ein Unternehmen darin zu unterstützen, relevante Geschäftsdaten zu analysieren, besser zu verstehen und daraus abgeleitet zeitnahe Geschäftsentscheidungen zu treffen, helfen sowohl BI als auch

---

[179] Vgl. Eschenbach und Siller (2019, S. 344 ff.)
[180] Vgl. Appelbaum et al. (2017, S. 29).
[181] Vgl. Pereira (2020, S. 65).
[182] Vgl. Petrescu und Gironda (2019, S. 252).
[183] Einen guten Überblick über kostenlose Toolkits und Bibliotheken zur Entwicklung von KI-Anwendungen bietet Buxmann und Schmidt (2020).
[184] Vgl. Prat (2019, S. 375).

Analytics.[185] Auch wenn die beiden Begriffe oft synonym verwendet werden, bezieht sich BI meist auf das Reporting, OLAP, Dashboard und Scorecards, während Analytics typischerweise Techniken in Verbindung mit ML nutzt.[186] Bei der Datenanalyse kann das ML eine große Unterstützung bieten. Denn durch das ML können Algorithmen entwickelt werden, die Wissen aus Daten extrahieren und somit Datengrundlagen zur Ableitung von Handlungsempfehlungen bereitstellen.[187] Der von der Unternehmensberatung Gartner Inc.[188] geprägte Begriff „augmented analytics" bringt BI und Analytics näher zusammen und läutet durch die Automatisierung des gesamten Analyseprozesses eine neue Ära in der BI ein.[189]

Für die Visualisierung der Reports empfiehlt sich die Software *tableau*.[190] Die Visualisierung kann durch Advanced Analytics in Form von Clustering oder Forecasting verbessert werden. Das Programm *Watson Analytics*[191] schlägt nach der Datenanalyse selbstständig verschiedene Visualisierungen vor. Durch die Fortschritte in „natural language processing" (NLP) ist eine Datenabfrage in natürlicher Sprache eines Mitarbeitenden möglich, z. B. mit der Frage: „Wie hoch war der Return on Investment?"

Berichte erstellen (Abweichungsanalyse, Botschaft und Kommentar)

Die Berichtsanalyse beginnt, nachdem die Zahlen feststehen und beinhaltet die Abweichungsanalyse (Auseinandersetzung der erreichten Werte mit Vergleichswerten), die Ergänzung durch qualitative

---

[185] Vgl. Chen et al. (2012, S. 1166).
[186] Vgl. Prat (2019, S. 375).
[187] Vgl. Pereira (2020, S. 65).
[188] Vgl. Gartner, Inc. (2017).
[189] Vgl. Prat (2019, S. 375).
[190] Vgl. Alhlou et al. (2016, S. 482); o.V. (2020b).
[191] Vgl. o.V. (2020a).

Informationen, eine Zielerreichungsprognose und die Interpretation bzw. Kommentierung der Ergebnisse.[192] Der letzte Schritt zum Management läuft in den meisten Fällen immer noch über die klassischen *Office*-Anwendungen. Die Daten werden von *Excel* in *PowerPoint* überführt und dort aufwendig aufbereitet. Zur Effizienzsteigerung bieten die meisten BI-Tools mit dem „Storytelling" die Möglichkeit, übergreifende oder individuelle Botschaften und Kommentare online zu erstellen und mit dem letzten Datenstand zu aktualisieren.[193] Das Kommentieren lässt sich bisher im Rahmen der Digitalisierung u. a. durch weitere Daten- und Informationsquellen[194] oder durch deskriptive Kommentare (z. B. „die Umsätze haben sich um x % erhöht") erweitern.

Zukünftig wird es durch Algorithmen ermöglicht, in dem die Werttreiberbäume für den Umsatz sowie externe Marktinformation hinterlegt sind, werttreibende Effekte in Kommentaren automatisiert darzustellen und somit einen Qualitätsgewinn des Management Reportings zu gewährleisten.[195] Ebenso lässt sich die Kontrolle von Abweichungen automatisieren, sodass das Management und der Controller bei Überschreiten eines definierten Toleranzbereichs automatisch informiert werden.[196]

Bewertung durch Management durchführen und Maßnahmen initiieren

In den Besprechungen mit dem Management erwartet das Management vom Controlling geschäftsspezifische Beiträge und die verstärkte Ausübung der Rolle als Business-Partner.[197] Die dort getroffenen Entscheidungen haben meist eine hohe Tragweite und entsprechend große

---

[192] Vgl. International Group of Controlling (2017, S. 47 f.)
[193] Vgl. Isensee (2017, S. 34).
[194] Vgl. Kirchberg und Müller (2016, S. 94).
[195] Vgl. Bange (2017, S. 99).
[196] Vgl. Eschenbach und Siller (2019, S. 349).
[197] Vgl. Schulze und Wiesmann (2019, S. 130).

Bedeutung. Für die Einleitung von rechtzeitigen Gegenmaßnahmen ist die Geschwindigkeit der Entscheidungsvorbereitung und die Aktualität der Information ein hoher Erfolgsfaktor, der mit der vermehrten Verwendung von digitalisierten Controlling-Prozessen einhergeht.[198] Die Ursachenanalyse lässt sich durch die Digitalisierung überall durchführen, erfordert keine abteilungsspezifischen Kenntnisse und wird von der Controlling-Organisation ausgeführt. Die Bewertung der Berichtsergebnisse und die Einleitung von Maßnahmen hingegen sollte vom Management vor Ort durchgeführt werden, da dies abteilungsspezifische Kenntnisse und Erfahrungen voraussetzt.[199]

2.2.3 Lösungsansätze im Management Reporting

Die hohe Bedeutung von Big Data sowie der Integration von Daten mit einem SPOT und mit In-Memory-Datenbanken trifft auch für das Management Reporting zu, da es die Ergebnisse des Datenmanagements weiterverarbeitet. Der hohe personelle Aufwand im Management Reporting, kann durch den Einsatz von RPA – insbesondere vom Set-up des Prozesses bis zur Datenanalyse – deutlich reduziert werden. Der Einsatz von RPA in deutschen Unternehmen ist gering, aber in Zukunft voraussichtlich stark wachsend.

In der Datenanalyse wird das RPA durch die Echtzeitverarbeitung basierend auf ML erweitert, wobei der letzte Schritt zum Management in der Regel noch durch klassische Office-Anwendungen bewerkstelligt wird. Eine automatisierte Abweichungsanalyse und Kommentierung der Berichte ist in nächster Zukunft zu erwarten. Außerdem macht es die Digitalisierung im Management Reporting möglich, die vergangenheitsgerichtete Berichtsperspektive um einen prädikativen und präskriptiven Blick zu ergänzen und die Berichte rechtegesteuert sowie ort- und zeitunabhängig zu empfangen.

---

[198] Vgl. Rasche und Schmidt-Gothan (2018, S. 1984).
[199] Vgl. Stephenson et al. (2013, 354 f.)

2.3 Planung, Budgetierung und Forecast

2.3.1 Übersicht über die Digitalisierung in Planung, Budgetierung und Forecast

Die operative Planung und Budgetierung soll die aktive systematische Auseinandersetzung mit Zielen, Maßnahmen und Budgets in der Organisationseinheit fördern und somit dem Management helfen, das Unternehmen zu steuern und die Unternehmensziele zu erreichen. Die Planung und Budgetierung stehen mit dem Forecast in starker Wechselwirkung.[200]

Der Blick in die Zukunft wird wichtiger, da das Marktumfeld immer dynamischer wird. Mit einer Pandemie hatte keiner gerechnet, noch weniger als mit der Finanzkrise ab dem Jahr 2007. Immer mehr CFOs erkennen, dass die Unsicherheit über die zukünftige Entwicklung zunimmt.[201] Die bisherige Finanzplanung ist häufig nicht mehr zeitgemäß, sondern zu starr, zeitaufwendig und einseitig.[202] Häufig wird noch *Excel* verwendet, das im Handling vergleichsweise schwerfällig ist. Die durch Insellösungen hervorgebrachten Teilplanungen müssen aufwendig manuell zusammengefügt werden.[203] Die Planung mit moderneren Tools wie ERP-Systemen funktioniert nur eingeschränkt. Die Forecasts sind aufgrund der hohen Dynamik und schnellen Veränderungen auf den Märkten unzuverlässig und schnell veraltet.[204] Bei einer Befragung von 49 CFOs und Controllingleiter gaben 58 % der Unternehmen mit mehr als 1000 Mitarbeitenden an, die eigenen Planungsverfahren derzeit zu prüfen, und 37 % wollen in den nächsten ein bis zwei Jahren eine

---

[200] Vgl. International Group of Controlling (2017, S. 33).
[201] Vgl. Becker et al. (2015, S. 127).
[202] Vgl. Dillerup et al. (2019, S. 46); Gegenmantel (2020, S. 41); vgl. Appelbaum et al. (2017, S. 29).
[203] Vgl. Gegenmantel (2020, S. 41); Büchler und Kappes (2019, S. 195).
[204] Vgl. Gegenmantel (2020, S. 41).

neue Planungslösung implementieren. Knapp 80 % der Befragten versprechen sich von Predictive Planning einen Mehrwert.[205]

Eine moderne operative Unternehmensplanung setzt eine zeitgemäße IT-Unterstützung voraus.[206]

> Der Mehrwert der Digitalisierung in der Planung zeigt sich in
>
> 1. einer dynamischeren Steuerung: Zu einer dynamischeren Steuerung verhelfen digitale unterjährige Forecasts, die bereits heute solide Ergebnisse (meist treffsicherer als der Forecast des Controllers) über die nahe Zukunft bieten.[207] Eine zentrale Planungsplattform verspricht eine technische Integration und leistungsstarke Datenbank, eine fachliche Integration, eine flexible Modellierung und Skalierbarkeit, Analytics-Methoden sowie eine flexible Datenausgabe.[208] Die Performance von Planungsplattformen hat sich in den letzten Jahren durch In-Memory-Datenbanktechnologien deutlich verbessert. Operationen, die bisher Stunden dauerten, werden nun in Sekunden durchgeführt.[209]
> 2. einem genaueren Forecast: Eine höhere Treffsicherheit ermöglicht eine realistischere Zielsetzung.[210] Der Forecast hat das Ziel, frühzeitig Informationen über zukünftig zu erwartende Abweichungen von der Planung zu liefern, zielgerichtete Maßnahmen zur Schließung von Ziellücken zu entwickeln sowie ggf. schnelle Anpassungen der Umsatz-, Kosten- und Investitionsbudgets etc. bei sich verändernden Rahmenbedingungen zu initiieren.[211] Durch die Nutzung von Advanced Analytics kann Big Data aus internen und externen Quellen überhaupt erst bewältigt werden, und der Einsatz von komplexen Statistikmodellen bis zu neuronalen Netzen[212] sowie eine genauere Vorhersage der Zukunft werden ermöglicht.[213] Das Ergebnis sind datenbasierte

---

[205] Vgl. Bley et al. (2020, S. 51).
[206] Vgl. Büchler und Kappes (2019, S. 196).
[207] Vgl. Leyk et al. (2017, S. 55).
[208] Vgl. Büchler und Kappes (2019, S. 198 ff.)
[209] Vgl. Schlösser et al. (2019, S. 39).
[210] Vgl. Leyk et al. (2017, S. 55).
[211] Vgl. International Group of Controlling (2017, S. 32 ff.)
[212] Vgl. Schlösser et al. (2019, S. 39).
[213] Vgl. Appelbaum et al. (2017, S. 29); Büchler und Kappes (2019, S. 201); Friedl (2019, S. 38).

> Vorhersagen und die systemgestützte Ableitung von Handlungsempfehlungen – ein kleiner Schritt in Richtung künstliche Intelligenz.[214] Dadurch lassen sich die Fragen „Was ist passiert?" (descriptive), „Warum ist es passiert?" (diagnostic), „Was wird passieren?" (predictive) und „Wie sieht die optimale Lösung aus?" (prescriptive) immer besser beantworten.[215] Durch In-Memory-Systeme ist es möglich, mehr Daten für die zugrundeliegenden Analysen zu berücksichtigen.[216] Im Finanzbereich lässt sich beispielsweise die Genauigkeit des Forecasts durch Einsatz von neuronalen Netzen deutlich verbessern.[217]
> 3. einer höheren Prozesseffizienz: Mehr Prozesseffizienz lässt sich durch mehr Automatisierung, Detaillierung und integrierter Modellierung erreichen.[218] Die moderne Planung wird immer häufiger durch Predictive Analytics ergänzt und/oder ersetzt.[219] Predictive Planning wird dazu beitragen, Planungsprozesse zu automatisieren, verstärkt externe Daten einzubeziehen und so die Qualität und die Aussagekraft der Unternehmensplanung aufgrund der Objektivität der generierten Daten deutlich verbessern. In Ergänzung zu Data Mining ermöglicht Predictive Analytics die Verarbeitung von vielen vergangenheitsbezogenen Daten auf Basis statistischer Prognoseverfahren.[220]

Die **Budgetierung** ist ein wichtiges Instrument der Unternehmensführung und bildet die operativen Planungsinhalte monetär ab. Da die Budgetierung bisher wenig durch Automatisierung und Standardisierung geprägt ist, gibt es in der Budgetierung noch großes Verbesserungspotenzial und die Budgetierung gilt manchen Forschern als der Prozess, der am stärksten von der digitalen Transformation betroffen sein wird.[221] Besonders das Business Analytics mit der Fähigkeit Geschäftsprozesse zu automatisieren, bietet sich für die Budgetierung an.

---

[214] Vgl. Schlösser et al. (2019, S. 39).
[215] Vgl. Appelbaum et al. (2017, S. 29); Büchler und Kappes (2019, S. 201).
[216] Vgl. Kramer (2018, S. 103).
[217] Vgl. Friedl (2019, S. 38).
[218] Vgl. Leyk et al. (2017, S. 55).
[219] Vgl. Gegenmantel (2020, S. 41).
[220] Vgl. Bley et al. (2020, S. 51).
[221] Vgl. Nasca et al. (2018b, S. 39).

Set-up des Prozesses vornehmen (Planungs- und Forecastzeitpunkte, Detaillierungstiefe, Beteiligte etc.)

In dem ersten Prozessschritt sind organisatorische Aspekte der Planung zu klären.[222] Durch ein unternehmensweites Planungsportal wird die fachliche Integration und Kollaboration erhöht. Der Software-Anbieter *Anaplan*[223] versucht mit seiner cloudbasierten Planungssoftware die Organisation der Planung über mehrere Organisationsformen, wie Abteilungen, Fachbereiche, Geschäftseinheiten deutlich zu vereinfachen, indem sie die Planung in nur einer Plattform vereint. Durch das Zusammenbringen diverser Teilpläne soll ein übersichtlicher, unternehmensweiter Gesamtplan erstellt werden, der kollaborative Planungsprozesse zwischen den Beteiligten fördert. Zudem können alle Beteiligte von überall auf die Plattform zugreifen. Der Anbieter *Anaplan* gilt als Vorreiter auf diesem Gebiet. Weitere Anbieter sind *SAP, Board* und *Jedox.*[224]

Planungsprämissen und Top-down-Ziele festlegen und kommunizieren

Zu Beginn des Prozessschrittes werden die Planungsprämissen[225] und Ziele festgelegt.[226] Bei der Zielbildung unterstützen Informationen aus dem letzten Forecast, ein internes und externes Benchmarking und Simulationsergebnisse in Verbindung mit Szenarien. Die digitale Unterstützung in der Festlegung der Top-Down-Ziele erleichtert die

---

[222] Vgl. International Group of Controlling (2017, S. 34).
[223] Vgl. o.V. (2020c).
[224] Vgl. Büchler und Kappes (2019, S. 203).
[225] Prämissen sind notwendige Annahmen über nicht beeinflussbare, aber planungsrelevante Rahmenbedingungen (z. B. Rohölpreise). vgl. INTERNATIONAL GROUP OF CONTROLLING (2017, S. 35).
[226] Vgl. International Group of Controlling (2017, S. 34 f.)

Willensbildung des Managements bezüglich der einzuschlagenden Entwicklungsrichtungen des Unternehmens durch realitätsnähere, sich permanent weiterentwickelnde **Treibermodelle** in Verbindung mit der zunehmenden Einbindung von neuen internen und externen Daten und den darauf aufbauenden Simulationen.[227] Die Methoden des Advanced Analytics werden besonders bei der Optimierung der Treiberlogiken im Rahmen der Planung und in der Simulation von komplexen Szenarien zum Einsatz kommen.[228]

Einzelpläne und Budgets erstellen, zusammenfassen und konsolidieren

Aufgrund des oftmals ungünstigen Aufwand-Nutzen-Verhältnisses gerät der Budgetierungsprozess oft in die Kritik.[229] Viele Lösungsansätze, wie das Beyond Budgeting, konnten sich praktisch nicht durchsetzen.[230] Eine der Herausforderungen ist, dass der Budgetierungsprozess sehr individuell und kontextabhängig ist.[231]

Eine Studie mit 115 deutschen Unternehmen zeigt, dass sich der Budgetierungsprozess deutlich durch die Verwendung von **Business Analytics** beschleunigen lässt. Die dabei verwendeten Analyseverfahren übersteigen die menschliche Gehirnleistung und verbessern die Entscheidungsfähigkeit. Business Analytics wird in der Budgetierung vor allem von Unternehmen eingesetzt, für die die Planung, das Forecasting, die Koordination und die Ressourcenverwendung besonders relevant sind.[232]

---

[227] Vgl. Leyk et al. (2017, S. 55).
[228] Vgl. Büchler und Kappes (2019, S. 201).
[229] Vgl. Hansen et al. (2003, S. 95); Bergmann et al. (2020, S. 8); Behringer (2018, S. 158).
[230] Vgl. Gleich et al. (2015, S. 35).
[231] Vgl. Schnupp und Möller (2018, S. 20).
[232] Vgl. Brynjolfsson und Hitt (2000, S. 23); Bergmann et al. (2020, S. 25).

Ergebnisse der Planung prüfen, Pläne bedarfsweise anpassen und Planung verabschieden

Bei der Plausibilisierung der Planung wird die inhaltliche Qualität geprüft und versucht Fehler aufzuspüren, wie z. B. eine Umsatzausweitung ohne Berücksichtigung der Kapazitätserweiterung.[233] Die Digitalisierung ermöglicht in diesem Prozessschritt sowohl eine verbesserte Anpassungsfähigkeit als auch Entscheidungsunterstützung. Durch den Einsatz von **Advanced Budgeting** soll sich die Planung stärker an Veränderungen anpassen.[234] Optimierungsmodelle wie Szenario-Modellierung oder Reverse-Simulation führen zu einer besseren Entscheidungsunterstützung.[235]

Forecast erstellen/aktualisieren, mit letztem Forecast/Plan/Budget abgleichen und Abweichungen analysieren

Im Vergleich zur Planung und Budgetierung blicken Prognosen vor allem in die Zukunft. Prädiktive Modelle nutzen Daten aus der Vergangenheit und akkumulieren diese über den Zeitverlauf für Wahrscheinlichkeitskalkulationen von Zukunftsereignissen.[236] Durch den digitalen Forecast wird der traditionelle Forecast um objektivere, schnellere Prognosen auf der Basis von Predictive Analytics erweitert. Voraussetzungen sind ausreichend historische Daten in entsprechender Qualität und eine gewisse Kontinuität in den Daten. Strukturbrüche erkennt ein Algorithmus erst mit einem gewissen Zeitversatz. Die intern verfügbaren Daten aus operativen und finanziellen Systemen werden durch externe Daten (z. B. Marktforschungsdaten) erweitert. Die internen und externen Daten werden mittels eines statistischen Verfahrens ausgewertet und für eine automatisierte Prognose verwendet.

---

[233] Vgl. International Group of Controlling (2017, S. 35).
[234] Vgl. Rieg (2015, S. 169).
[235] Vgl. Schlösser et al. (2019, S. 42).
[236] Vgl. Appelbaum et al. (2017, S. 32).

Im Vergleich zum heutigen Forecast reduziert der digitale Forecast durch die konsequente Automatisierung der Forecast-Erstellung den hohen manuellen Aufwand der klassischen Bottom-up-Forecasts. Außerdem ist der rechnerische Forecast objektiver, Abweichungen durch interne Politik werden vermieden,[237] wodurch die Häufigkeit der Forecasterstellung leicht erhöht werden kann.[238]

Kempkes et al. ermittelten in einer systematischen Literaturanalyse fünf Gestaltungsdimensionen des Forecast-Prozesses. Die Dimensionen „Analyseperspektive", „Informationsbreite", „Aktualität", „Anwendungsbereich" und „Anpassungsreaktion" können als Entscheidungsgrundlage bei der Weiterentwicklung des Prozesses im Zuge der Digitalisierung verwendet werden.[239]

Gegensteuerungsmaßnahmen erarbeiten

Durch die Realtime-Verfügbarkeit steuerungsrelevanter Daten und den Einsatz von künstlicher Intelligenz lassen sich auch Abweichungsanalysen automatisieren. Die Folge der Automatisierung sind verkürzte Reaktionszeiten der Entscheider und die Möglichkeit, Gegensteuerungsmaßnehmen ad hoc zu realisieren. Somit lässt sich die Ableitung von Gegensteuerungsmaßnahmen aus vergangenheitsbezogenen Analysen um die Möglichkeit einer explorativen Identifikation von Optimierungspotenzialen in Echtzeit ergänzen.[240] Diese Möglichkeiten bieten Performance Dashboards und Management Cockpits mit Drillsdown-Optionen.[241] Diese technischen Möglichkeiten werden in der Zukunft immer wichtiger, wenn Unternehmen mehr und mehr daran gemessen werden, wie schnell sie auf Marktänderungen reagieren und Gegenmaßnahmen einleiten können.[242]

---

[237] Vgl. Schlösser et al. (2019, S. 49 f.)
[238] Vgl. Bley et al. (2020, S. 51).
[239] Vgl. Kempkes et al. (2018, S. 135).
[240] Vgl. Nobach (2019, S. 262).
[241] Vgl. Heimel und Müller (2019, S. 405).
[242] Vgl. Kappes und Leyk (2018, S. 9).

2.3.2 Lösungsansätze in Planung, Budgetierung und Forecast

Die sich vergrößernde Planungsunsicherheit führt zu einer erhöhten Offenheit der Unternehmen für moderne Planungsinstrumente wie Predictive Planning. Die Vorteile von Predictive Planning sind eine dynamischere Steuerung, ein genauerer Forecast und eine höhere Prozesseffizienz. Die Budgetierung ist bisher wenig digitalisiert und hat einen entsprechend hohen Digitalisierungsbedarf. Zukünftig wird insbesondere die vermehrte Verwendung von Business Analytics erkennbar sein.

Der digitale Forecast erweitert den traditionellen Forecast durch objektivere und schnellere Prognosen auf der Basis von Predicitve Analytics. Der digitale Forecast senkt den Aufwand und ist objektiver als der traditionelle. Gegensteuerungsmaßnahmen lassen sich durch automatisierte Prozesse mit kürzeren Reaktionszeiten veranlassen.

2.4 Interpretation und Bewertung der Lösungsmöglichkeiten

Es zeigt sich, dass das Datenmanagement der am weitesten digitalisierte Controlling-Prozess ist. Eine Priorisierung des Datenmanagements ist sinnvoll, da die Prozesse Management Reporting und Planung, Budgetierung und Forecast stark vom Datenmanagement abhängen. Somit sollten Investitionen in die Digitalisierung als erstes im Datenmanagement getätigt werden. Erst wenn der Digitalisierungsgrad des Datenmanagements als ausreichend beurteilt werden kann, sollten das Management Reporting und die Planung, Budgetierung und Forecast weiter digitalisiert werden. Dabei sollten Investitionsentscheidungen auf einem Vergleich aus Nutzen und Aufwand aufbauen.

Die Vor- und Nachteile der Datenhaltung in einer Datencloud, ggf. ergänzt um eine In-Memory-Technologie, sollte die Controlling-Organisation für sich abwägen. Da die Datenqualität in vielen Unternehmen noch nicht ausreichend ist, sollte diese durch ein Datenqualitätsmanagement verbessert werden. Die Controlling-Organisation sollte das leistungsfähigere Datenmanagement als Chance wahrnehmen, sich mehr in ihrer beratenden Funktion des Managements und somit als Business Partner im Unternehmen zu etablieren.

Im Management Reporting scheint sich die Implementierung von RPA aufgrund der Einsparungen in personellen Aufwendungen zu lohnen. Anhand der Liste der RPA-Anbieter lassen sich unternehmensspezifische Angebote einholen, mit denen die erläuterten Vor- und Nachteile abgewogen werden sollten.

Bei der Umsetzung der Digitalisierung sollten die Erfolgsfaktoren in Kap. 3 beachtet werden.

> **Ihr Transfer in die Praxis**
> - Prüfen Sie die Möglichkeiten von Datenclouds und wägen Sie dabei Vor- und Nachteile sowie das Preis-Leistungs-Verhältnis ab.
> - Prüfen Sie eine mögliche Integration von Daten mit einem SPOT und In-Memory-Datenbanken.
> - Sind die personellen Aufwendungen im Management Reporting in Ihrem Unternehmen auch so hoch? Der Einsatz von RPA kann die Aufwendungen deutlich reduzieren. Prüfen Sie die verschiedenen Anbieter anhand der Liste im Anhang II.
> - Verwenden Sie im Management Reporting bereits rechtegesteuerte sowie ort- und zeitunabhängige Berichte, die durch einen prädikativen und präskriptiven Blick ergänzt sind?
> - Profitieren Sie bereits von den Vorteilen im Predictive Planning, wie eine dynamischere Steuerung, ein genauerer Forecast und eine höhere Prozesseffizienz.
> - Digitalisieren Sie den Forecast durch Predictive Analytics und erhalten dadurch objektivere und schnellere Prognosen und profitieren Sie von kürzeren Gegensteuerungsmaßnahmen durch kürzere Reaktionszeiten.

Literatur

Abel, Sören, und Pascal Nevries. 2019. Ist mehr Digitalisierung immer besser? *Controlling* 31 (4):79–82. https://doi.org/10.15358/0935-0381-2019-4-80.

Aguirre, Santiago, und Alejandro Rodriguez. 2017. Automation of a Business Process Using Robotic Process Automation (RPA) A Case Study. In *Applied Computer Sciences in Engineering* (Bd. 742, Communications in Computer and Information Science), Hrsg. Juan Carlos Figueroa-García, Eduyn Ramiro López-Santana, José Luis Villa-Ramírez, und Roberto Ferro-Escobar, 65–71. Cham: Springer International Publishing.

Alexander, Svatopluk, Sven Fahn, Marisa Schäfer, Daniel Vink, Burkhard Pedell, und Joachim Sautter. 2018. SAP® S/4HANA Finance – Ein Akzelerator für die digitale Transformation im Finanzbereich? *Controlling* 30 (3):54–59. https://doi.org/10.15358/0935-0381-2018-S-54.

Alhlou, Feras, Asif Shiraz, und Eric Fettman, Hrsg. 2016. *Google Analytics Breakthrough*. Hoboken: John Wiley & Sons Inc.

Appelbaum, Deniz, Alexander Kogan, Miklos Vasarhelyi, und Zhaokai Yan. 2017. Impact of business analytics and enterprise systems on managerial accounting. *International Journal of Accounting Information Systems* 25: 29–44. https://doi.org/10.1016/j.accinf.2017.03.003.

Baars, Henning, und Hans-Georg Kemper. 2015. Integration von Big Data-Komponenten in die Business Intelligence. *Controlling* 27 (4/5):222–228. https://doi.org/10.15358/0935-0381-2015-4-5-222.

Babich, Volodymyr, und Gilles Hilary. 2020. OM Forum – Distributed Ledgers and Operations: What Operations Management Researchers Should Know About Blockchain Technology. *M&SOM* 22 (2): 223–240. https://doi.org/10.1287/msom.2018.0752.

Bange, Carsten. 2016. Werkzeuge für analytische Informationssysteme. In *Analytische Informationssysteme. Business Intelligence-Technologien und – Anwendungen.* , 5., vollständig überarbeitete Aufl., Hrsg. Peter Gluchowski und Peter Chamoni, 97–128. Berlin: Springer Gabler.

Bange, Carsten. 2017. *Reporting und Business Intelligence. Unter Mitarbeit von Bernhard Bergmann.* (3. Aufl.) München: Haufe-Lexware GmbH & Co. KG. Online verfügbar unter https://www.wiso-net.de/document/HAUF__9783648092644289.

Baumöl, Ulrike, Alina Bockshecker, und Christian Grawe. 2017. Entscheidungsunterstützung für eine effiziente Informationslogistik. *Controlling* 29 (5): 4–11. https://doi.org/10.15358/0935-0381-2017-5-4.

Baumöl, Ulrike, und Andreas Homrighausen. 2010. Datenmanagement mittels Realweltmodellierung. *Controlling* 22 ((8/9)): 497–500. https://doi.org/10.15358/0935-0381-2010-8-9-497.

Baumöl, Ulrike, und Martina Meschke. 2009. Das Management von Datenqualität. *Controlling & Management* 53 (1): 62–65. https://doi.org/10.1007/s12176-009-0016-0.

Becker, Alexander, Jörg Leyk, und Lars Riemer. 2015. Best Practice Award: Agile Planung bei Bayer Material Science. In *Moderne Instrumente der Planung und Budgetierung. Innovative Ansätze und Best Practice für die Unternehmenssteuerung* (Haufe Fachbuch), Hrsg. Jörg Leyk, Michael Kappes, Martin Tschandl, Ronald Gleich, Siegfried Gänßlen,und Udo Kraus, 127–145. Freiburg: Haufe-Lexware GmbH & Co. KG.

Becker, Jörg, und Axel Winkelmann. 2019. *Handelscontrolling*. Berlin: Springer.

Becker, Wolfgang, Kristin Kollacks, und Patrick Ulrich. 2011. ZP-Stichwort: Business Intelligence und Business Intelligence-Tools. *Journal of Management Control* 21 (2):223–232. https://doi.org/10.1007/s00187-010-0091-6.

Behringer, Stefan 2018. *Konzerncontrolling. 3., aktualisierte Aufl.* Berlin: Springer (Lehrbuch). http://www.springer.com/.

Benfeldt, Olivia, und John Stouby Persson. 2020. Data governance as a collective action problem. *Information Systems Frontiers* 22 (2):299–313. https://doi.org/10.1007/s10796-019-09923-z.

Bensberg, Frank, und Gandalf Buscher. 2017. Controller gesucht! Kompetenzen und Berufsbilder. *Controlling & Management Review* 61 (8):8–17. https://doi.org/10.1007/s12176-017-0102-7.

Bergmann, Mareike, Christian Brück, Thorsten Knauer, und Anja Schwering. 2020. Digitization of the budgeting process: Determinants of the use of business analytics and its effect on satisfaction with the budgeting process. *Journal of Management Control* 31 (1):25–54. https://doi.org/10.1007/s00187-019-00291-y.

Blakespoor, Elizabeth. 2019. The Impact of Information Processing Costs on Firm Disclosure Choice: Evidence from the XBRL Mandate. *Journal of Accounting Research* 57 (4):919–967. https://doi.org/10.1111/1475-679X.12268.

Bley, Christopher, Alexander Giesel, und Franca Ruhwedel. 2020. Einsatz von Big Data und Predictive Analytics in der Unternehmensplanung – Ergebnisse einer Befragungsstudie. *Controlling* 32 (2):45–52. https://doi.org/10.15358/0935-0381-2020-2-45.

Brynjolfsson, Erik, und Lorin M. Hitt. 2000. Beyond computation: Information technology organizational transformation and business performance. *Journal of Economic perspectives* 14 (4):23–48. https://doi.org/10.1257/jep.14.4.23.

Brynjolfsson, Erik, Lorin M. Hitt, und Heekyung Hellen Kim. 2011. Strength in numbers: How does data-driven decisionmaking affect firm performance? *SSRN Journal* 1:1–33. https://doi.org/10.2139/ssrn.1819486.

Büchler, Dennis, und Michael Kappes. 2019. Planungsplattform als Dreh- und Angelpunkt für die Unternehmensplanung im digitalen Zeitalter. In Planung, Budgetierung und Forecasting – inkl. Arbeitshilfen online. *Innovative und digitale Instrumente für die Unternehmenssteuerung Ronald Gleich* (Haufe Fachbuch), Hrsg. Michael Kappes und Jörg Leyk, 193–211. Stuttgart: Haufe.
Butler, Declan. 2013. When Google got flu wrong. *Nature* 494 (7436):155–156. https://doi.org/10.1038/494155a.
Buxmann, Peter, und Schmidt, Holger. 2020. *Künstliche Intelligenz. KI-Jobmonitor/Nachrichten/Literatur/Anbieter/Tools/Buch.* www.ki-business.de, zuletzt aktualisiert am 2020, zuletzt geprüft am 05.10.2020.
Cato, Patrick, Philipp Golzer, und Walter Demmelhuber. 2015. An investigation into the implementation factors affecting the success of big data systems. In *2015 11th International Conference on Innovations in Information Technology (IIT)*, 134–139. Dubai: IEEE.
Chamoni, Peter, und Peter Gluchowski. 2017. Business analytics — State of the art. *CMR Controlling & Management Review* 61 (4):8–17. https://doi.org/10.1007/s12176-017-0030-6.
Chen, Hsinchun, Roger Chiang, und Veda Storey. 2012. Business intelligence and analytics: From big data to big impact. *MIS Quarterly* 36 (4):1165. https://doi.org/10.2307/41703503.
Clarke, Roger. 2016. Big data, big risks. *Infoemation Systems Journal* 26 (1): 77–90. https://doi.org/10.1111/isj.12088.
Cohen, Jeffrey, Ganesh Krishnamoorthy, und Arnold Wright. 2017. Enterprise risk management and the financial reporting process: The experiences of audit committee members, CFOs, and external auditors. *Contemporary Accounting Research* 34 (2):1178–1209. https://doi.org/10.1111/1911-3846.12294.
Costa, Eduarda, Carlos Costa, und Maribel Yasmina Santos. 2019. Evaluating partitioning and bucketing strategies for Hive-based Big Data Warehousing systems. *Journal of Big Data* 6 (1):1–38. https://doi.org/10.1186/s40537-019-0196-1.
de Mauro, Andrea, Marco Greco, und Michele Grimaldi. 2015. What is big data? A consensual definition and a review of key research topics. *American Institute of Physics* 1644 (1):97–104. https://doi.org/10.13140/2.1.2341.5048.
Dillerup, Ralf, Tobias Witzemann, Simon Schacht, und Luca Schaller. 2019. Planung im digitalen Zeitalter. *Controlling &Management Review* 63 (3):46–53. https://doi.org/10.1007/s12176-019-0011-z.

Dong, Xinhua, Heng He, Chao Li, Yongchuan Liu, und Houbo Xiong. 2018. Scene-Based big data quality management framework. In *Data science* (Bd. 901 Communications in Computer and Information Science), Hrsg. Qinglei Zhou, Yong Gan, Weipeng Jing, Xianhua Song, Yan Wang, und Zeguang Lu, 122–139. Singapore: Springer Singapore.

Drerup, Bianca, Francesco Suprano, und Andreas Wömpener. 2018. Controller 4.0 – Anforderungsprofil des Controllers im digitalen Zeitalter. *CON* 30 (S):12–19. https://doi.org/10.15358/0935-0381-2018-S-12sss.

Dülken, Fabian, Matthias Emler, Jörg Leyk, Jan Tatzel. 2017. Digitales Controlling: Wie sich Anforderungen an BI und Analytics im Zuge der Digitalisierung verändern. In *Strategische Unternehmensführung mit Advanced Analytics. Neue Möglichkeiten von Big Data für Planung und Analyse erkennen und nutzen* (Bd. 11430, Haufe Fachbuch), Hrsg. Ronald Gleich, Kai Grönke, Markus Kirchmann, und Jörg Leyk, 165–182. München: Haufe Lexware.

Dwivedi, Yogesh K., Marijn Janssen, Emma L. Slade, Nripendra P. Rana, Vishanth Weerakkody, Jeremy Millard, et al. 2017. Driving innovation through big open linked data (BOLD): Exploring antecedents using interpretive structural modelling. *Information Systems Frontiers* 19 (2):197–212. https://doi.org/10.1007/s10796-016-9675-5.

Egle, Ulrich, und Imke Keimer. 2018. Kompetenzprofil „Digitaler Controller". *CONTROLLER Magazin*, (5):49–53. https://www.wiso-net.de/document/COWI__201809074953.

Eschenbach, Rolf, und Helmut Siller. 2019. *Controlling professionell. Gut gerüstet für digitale Herausforderungen*, 3. Aufl. Stuttgart: Schäffer-Poeschel.

Faroukhi, Abou Zakaria, Imane El Alaoui, Youssef Gahi, und Aouatif Amine. 2020. Big data monetization throughout Big Data Value chain: a comprehensive review. *Journal of Big Data* 7 (1): 1–3. https://doi.org/10.1186/s40537-019-0281-5.

Feldbauer-Durstmüller, Birgit, und Stefan Mayr, Hrsg. 2019. *Controlling – Aktuelle Entwicklungen und Herausforderungen. Digitalisierung, Nachhaltigkeit und Spezialaspekte*. Wiesbaden: Springer.

Fikri, Noussair, Mohamed Rida, Noureddine Abghour, Khalid Moussaid, und Amina EL Omri. 2019. An adaptive and real-time based architecture for financial data integration. *Journal of Big Data* 6 (1):1–25. https://doi.org/10.1186/s40537-019-0260-x.

Fleckenstein, Mike, und Lorraine Fellows. 2018. Big data and data management. In *Modern data strategy*, Hrsg. Mike Fleckenstein und Lorraine Fellows, 7–10. Cham: Springer International Publishing.

Fosso Wamba, Samuel, Shahriar Akter, Andrew Edwards, Geoffrey Chopin, und Denis Gnanzou. 2015. How 'big data' can make big impact: Findings from a systematic review and a longitudinal case study. *International Journal of Production Economics* 165:234–246. https://doi.org/10.1016/j.ijpe.2014.12.031.

Freistühler, Sven, Jan A. Kempkes, Francesco Suprano, und Andreas Wömpener. 2019. Controller und Data Scientist in der Unternehmenspraxis. *Controlling* 31 (3):63–69. https://doi.org/10.15358/0935-0381-2019-3-63.

Friedl, Gunther. 2019. Neue Aufgaben im Controlling durch digitale Transformation. *Controlling* 31 (3):38–41. https://doi.org/10.15358/0935-0381-2019-3-38.

Fuchslueger, Jörg. 2016. Semantische Analyse unstrukturierter Daten. Review und Analyse: Big-Data Ansatz bei internen Untersuchungen anhand eines Beispiels. *Austrian Law Journal* 1:68–77. https://doi.org/10.25364/1.3:2016.1.5.

Gandomi, Amir, und Murtaza Haider. 2015. Beyond the hype: Big data concepts, methods, and analytics. *International Journal of Information Management.* 35 (2):137–144. https://doi.org/10.1016/j.ijinfomgt.2014.10.007.

Gärtner, Bernhard, und Thomas Rockenschaub. 2015. Cloud Computing und Controlling – Chancen und Risiken. *Controlling* 27 (12):709–714. https://doi.org/10.15358/0935-0381-2015-12-709.

Gartner, Inc. 2017. Gartner says more than 40 percent of data science tasks will be automated by 2020. Gartner Incorporation. https://www.gartner.com/en/newsroom/press-releases/2017-01-16-gartner-says-more-than-40-percent-of-data-science-tasks-will-be-automated-by-2020, zuletzt geprüft am 28.07.2020.

Gegenmantel, Rolf. 2020. Planung verändern mit neuer Technologie. *Controlling & Management Review* 64 (3):40–45. https://doi.org/10.1007/s12176-020-0094-6.

Gleich, Ronald, Kai Grönke, und Holger Schmidt. 2014. Prozesse des Controllerbereichs kontinuierlich weiterentwickeln. *Controlling* 26 (7): 364–372. https://doi.org/10.15358/0935-0381_2014_7_364.

Gleich, Ronald, Kai Grönke, und Holger Schmidt. 2016. Prozessmanagement im Controllerbereich. In *Handbuch Controlling* (Springer NachschlageWissen), Hrsg. Wolfgang Becker und Patrick Ulrich, 123–138. Wiesbaden: Springer Gabler.

Gleich, Ronald, Andreas Kramer, Martin Esch, Hrsg. (2018). In-Memory-Datenbanken: Auf dem Weg zur Unternehmenssteuerung der Zukunft.

Anwendungsmöglichkeiten und Migrationspfade am Beispiel von SAP HANA. Unter Mitarbeit von Andreas Kramer. Freiburg [im Breisgau]: Haufe. https://www.wiso-net.de/document/HAUF__9783648108918248.

Gleich, Ronald, Peter Schentler, Martin Tschandl, Robert Rieg, Udo Kraus, und Uwe Michel. 2015. Moderne Budgetierung im Überblick. In *Moderne Instrumente der Planung und Budgetierung. Innovative Ansätze und Best Practice für die Unternehmenssteuerung* (Haufe Fachbuch), Hrsg. Jörg Leyk, Michael Kappes, Martin Tschandl, Ronald Gleich, Siegfried Gänßlen, und Udo Kraus, 33–53. Freiburg: Haufe-Lexware GmbH & Co. KG.

Gopalkrishnan, Vivekanand, David Steier, Harvey Lewis, und James Guszcza. 2012. Big data, big business. In *Proceedings of the 1st international workshop on big data, streams and heterogeneous source mining algorithms, systems, programming models and applications – BigMine '12 the 1st international workshop Beijing, China, 12082012 – 12082012*, Hrsg. Wei Fan, Albert Bifet, Qiang Yang, und Philip Yu, 7–11. New York: ACM Press.

Gräf, Jens, und Johannes Isensee. 2013. Mit prozessorientiertem Performance Management zur Controlling Excellence. In *Controllingprozesse optimieren. 1. Aufl.* (Haufe Fachbuch), Hrsg. Ronald Gleich, 75–94. Freiburg i. Br.: Haufe.

Grolinger, Katarina, Wilson A. Higashino, Abhinav Tiwari, und Miriam AM. Capretz. 2013. Data management in cloud environments: NoSQL and NewSQL data stores. *Journal of Cloud Computing* 2 (1):1–22. https://doi.org/10.1186/2192-113X-2-22.

Gronau, Norbert, Christof Thim, und Corinna Fohrholz. 2016. Business Analytics in der deutschen Praxis. *Controlling* 28 (8/9):472–479. https://doi.org/10.15358/0935-0381-2016-8-9-472.

Grönke, Kai, und Helmut Ahr. 2017. Reengineering des CFO-Bereichs. Automatisierung der Prozesse, neue Organisationsformen und veränderte Rollen. In *Digitalisierung der Unternehmenssteuerung. Prozessautomatisierung, Business Analytics, Big Data, SAP S/4 HANA, Anwendungsbeispiele*, Hrsg. Michael Kieninger. Stuttgart: Schäffer-Poeschel.

Hansen, Stephen, David Otley, und Wim van der Stede. 2003. Practice Developments in Budgeting: An Overview and Research Perspective. *Journal of Management Accounting Research* 15 (1):95–116. https://doi.org/10.2308/jmar.2003.15.1.95.

Heimel, Jana, und Michael Müller. 2019. Controlling 4.0. In *Management 4.0 – Unternehmensführung im digitalen Zeitalter*, Hrsg. Michael Erner, 389–430. Heidelberg: Springer.

Hermann, Kathrin, Roman Stoi, und Björn. Wolf. 2018. Robotic Process Automation im Finance & Controlling der MANN+HUMMEL Gruppe. *Controlling* 30 (3):28–34. https://doi.org/10.15358/0935-0381-2018-3-28.

Hirschfelder, Oliver, Laura Schlecht, und Arne Buchwald. 2018. Blockchain: Potentielle Auswirkungen auf das Controlling. In *Digitalisierung & Controlling. Technologien, Instrumente, Praxisbeispiele*, 1. Aufl., Hrsg. Ronald Gleich und Martin Tschandl, 103–118. Freiburg i. Br.: Haufe.

Hoberg, Patrick, Jan Wollersheim, Markus Böhm, und Helmut Krcmar. 2012. Cloud Computing – Überblick und Herausforderungen für das Controlling. *Controlling* 24 (6):294–300. https://doi.org/10.15358/0935-0381-2012-6-294.

Horváth, Péter. 2017. Geschäftsmodellinnovationen durch Digitalisierung – Neue Herausforderungen an den Controller. In *Technologie, Strategie und Organisation*, Hrsg. Wolfgang Burr und Michael Stephan, 113–125. Wiesbaden: Springer.

Horváth, Péter, Ronald Gleich, und Mischa Seiter. 2020. *Controlling*, 14., komplett überarbeitete Aufl. München: Vahlen.

Horváth, Péter, Uwe Michel. 2012. *Controlling und Finance. Steuerung im volatilen Umfeld*. Stuttgart: Schäffer-Poeschel. http://gbv.eblib.com/patron/FullRecord.aspx?p=1026098.

International Group of Controlling. 2017. *Controlling-Prozessmodell 2.0. Leitfaden für die Beschreibung und Gestaltung von Controllingprozessen*. 2. Aufl. Freiburg: Haufe (IGC-Schriften). https://www.haufe.de/.

Isensee, Johannes. 2017. Reporting 4.0: Management Reporting im digitalen Kontext. In Carsten Bange, Andreas Kirchberg, Andreas Lemmerer, Andreas Wiener, Bernhard Bergmann, Christina Eilers et al.: Reporting und Business Intelligence. 3. Aufl. Hg. v. Andreas Klein und Jens Gräf. Freiburg: Haufe, S 23–40.

Janssen, Marijn, Haiko van der Voort, und Agung Wahyudi. 2017. Factors influencing big data decision-making quality. *Journal of Business Research* 70: 338–345. https://doi.org/10.1016/j.jbusres.2016.08.007.

Kajüter, Peter, Kai Schaumann, und Henrik Schirmacher. 2019. Einfluss aktueller IT-Trends auf das interne Berichtswesen. In *Controlling & Innovation 2019: Digitalisierung (FOM-Edition, FOM Hochschule für Oekonomie & Management)*, Hrsg. Thomas Kümpel, Kay Schlenkrich, und Thomas Heupel, 135–154. Wiesbaden: Springer Gabler.

Kappes, Michael, und Jörg Leyk. 2018. Digitale Planungs *Controlling* 30 (6): 4–12. https://doi.org/10.15358/0935-0381-2018-6-4.

Keimer, Imke, und Ulrich Egle. 2020. Digital Controlling. Grundlagen für den erfolgreichen digitalen Wandel im Controlling. In *Die Digitalisierung der Controlling-Funktion. Anwendungsbeispiele aus Theorie und Praxis*, Hrsg. Imke Keimer und Ulrich Egle, 1–16. Wiesbaden: Springer Gabler.

Kempkes, Jan, Francesco Suprano, Matthias B. Wesser, und Andreas Wömpener. 2018. Digitale Unternehmenssteuerung. Eine empirische Analyse der zentralen Gestaltungsdimensionen. *Zeitschrift für Corporate Governance* 13 (3):132–137.

Kempter, Hubert, und Horst Peters. 2017. *Betriebliche Informationssysteme. Datenmanagement und Datenanalyse*. Stuttgart: Kohlhammer (BWL Bachelor Basics). https://ebookcentral.proquest.com/lib/gbv/detail.action?docID=4830171.

Kessler, René, und Jorge Marx Gómez. 2020. Implikationen von Machine Learning auf das Datenmanagement in Unternehmen. *HMD Praxis der Wirtschaftsinformatik* 57 (1):89–105. https://doi.org/10.1365/s40702-020-00585-z.

Kim, Moon-Koo., und Jong-Hyun. Park. 2017. Identifying and prioritizing critical factors for promoting the implementation and usage of big data in healthcare. *Information Development* 33 (3):257–269. https://doi.org/10.1177/0266666916652671.

Kirchberg, Andreas, und David Müller. 2016. Digitalisierung im Controlling: Einflussfaktoren, Standortbestimmung und Konsequenzen für die Controllerarbeit. In *Konzerncontrolling 2020. Zukünftige Herausforderungen der Konzernsteuerung meistern*, 1. Aufl., Hrsg. Ronald Gleich, Kai Grönke, Markus Kirchmann, und Jörg. Leyk, 79–96. Freiburg: Haufe Gruppe.

Kirchberg, Andreas, und Fabian Palenta. 2012. Industrialisierung im Controlling. *Controlling & Management* 56 (3):52–57. https://doi.org/10.1365/s12176-012-0643-8.

Kirchmann, Markus, Stefan Tobias, und Ceylan Cengizeroglu. 2016. Reporting 2025. Die Zukunft des Reporting im Zuge der Digitalisierung. In *Digital Controlling & Simple Finance. Die Zukunft der Unternehmenssteuerung*, Hrsg. Péter Horváth und Uwe Michel, 25–35. Stuttgart: Schäffer Poeschel.

Klier, Mathias, und Bernd Heinrich. 2016. Datenqualität als Erfolgsfaktor im Business Analytics. *Controlling-Zeitschrift für erfolgsorientierte Unternehmenssteuerung* 28 (8/9):488–494. https://doi.org/10.15358/0935-0381-2016-8-9-488.

Knauer, Thorsten, Nicole Nikiforow, und Sebastian Wagener. 2020. Bedeutung und Ausgestaltung von Robotic Process Automation (RPA) im

Controlling. *Controlling* 32 (4):68–75. https://doi.org/10.15358/0935-0381-2020-4-68.

Koch, Rosemarie, Lisa Storm. 2020. Controller 4.0. *ZFO* (1):38. https://www.wiso-net.de/document/BLIS__20200200091.

Kramer, Andreas. 2018. In-Memory-Technologie im Kontext moderner Unternehmensplanung. In *In-Memory-Datenbanken: Auf dem Weg zur Unternehmenssteuerung der Zukunft. Anwendungsmöglichkeiten und Migrationspfade am Beispiel von SAP HANA. Unter Mitarbeit von Andreas Kramer*, Hrsg. Ronald Gleich, Andreas Kramer, und Martin Esch, 101–114. Freiburg i. Br.: Haufe.

Kreher, Markus, und Ulrich Gundel. 2019. Digitalisierung im Rechnungswesen. Eine aktuelle Bestandsaufnahme im Accounting und Controlling. *WPg – Die Wirtschaftsprüfung* 72 (2):82–87.

Krishnan, Krish. 2013. *Data warehousing in the age of big data*. Waltham: Morgan Kaufmann. http://proquest.tech.safaribooksonline.de/9780124058910.

Kroll, Katharina, und Daniel Kittelberger. 2014. Management Reporting – Konsequente Ausrichtung auf die Unternehmensstrategie und Branchenspezifika. In *Unternehmenssteuerung in der produzierenden Industrie*, Hrsg. Frank Keuper und Ralf Sauter, 187–199. Wiesbaden: Springer.

Langmann, Christian, und Daniel Turi. 2020. *Robotic Process Automation (RPA) – Digitalisierung und Automatisierung von Prozessen. Voraussetzungen, Funktionsweise und Implementierung am Beispiel des Controllings und Rechnungswesens*, 1. Aufl. Wiesbaden: Springer Gabler.

Lazer, David, Ryan Kennedy, Gary King, und Alessandro Vespignani. 2014. Big data. The parable of Google Flu: traps in big data analysis. *Science (New York, N.Y.)* 343 (6176):1203–1205. https://doi.org/10.1126/science.1248506.

Leyk, Jörg, Markus Kirchmann, und Stefan Tobias. 2017. Planung, Forecast und Reporting in der digitalen Welt. In *Digitalisierung der Unternehmenssteuerung Prozessautomatisierung, Business Analytics, Big Data, SAP S/4 HANA, Anwendungsbeispiele*, Hrsg. Michael Kieninger. Stuttgart: Schäffer-Poeschel.

Loos, Peter, Stefan Strohmeier, Gunther Piller, und Reinhard Schütte. 2012. Comments on "In-Memory Databases in Business Information Systems". *Business & Information Systems Engineering* 4 (4):213–223. https://doi.org/10.1007/s12599-012-0222-8.

Losbichler, Heimo, und Siegfried Gänßlen. 2018. Performance Measurement in Zeiten von Big Data Auswirkungen auf Kennzahlen und deren

Reporting. *Controlling* 30 (S):30–37. https://doi.org/10.15358/0935-0381-2018-S-30.

Marshall, Anthony, Stefan Mueck, und Rebecca Shockley. 2015. How leading organizations use big data and analytics to innovate. *Strategy & Leadership* 43 (5):32–39. https://doi.org/10.1108/SL-06-2015-0054.

Matzke, Harald. 2013. Effizienzsteigerung im Controlling durch den richtigen Einsatz von IT. In *Controllingprozesse optimieren*, 1. Aufl., Hrsg. Ronald Gleich, 189–208. Freiburg i. Br.: Haufe (Haufe Fachbuch).

Meier, Marco C. 2006. Situierte und individualisierte Informationsmodelle als Mittel gegen Informationsüberflutung im Management. *Controlling & Management* 50 (8): 66–73. https://doi.org/10.1365/s12176-006-0603-2.

Merendino, Alessandro, Sally Dibb, Maureen Meadows, Lee Quinn, David Wilson, Lyndon Simkin, und Ana Canhoto. 2018. Big data, big decisions: The impact of big data on board level decision-making. *Journal Business Research* 93:67–78. https://doi.org/10.1016/j.jbusres.2018.08.029.

Michel, Uwe. 2017. Controlling digitaler Geschäftsmodelle. In *Digitalisierung der Unternehmenssteuerung. Prozessautomatisierung, Business Analytics, Big Data, SAP S/4 HANA, Anwendungsbeispiele*, Hrsg. Michael Kieninger, 33–50. Stuttgart: Schäffer-Poeschel.

Möller, Klaus, und Stefan Illich-Edlinger. 2018. IGC Controlling-Prozessmodell 2.0. *Controlling* 30 (2):55–58. https://doi.org/10.15358/0935-0381-2018-2-55.

Möller, Klaus, Boris Otto, und Andreas Zechmann. 2017a. Nutzungsbasierte Datenbewertung. *Controlling* 29 (5):57–66. https://doi.org/10.15358/0935-0381-2017-5-57.

Möller, Klaus, Johannes Seefried, und Franz Wirnsperger. 2017b. Wie Controller zu Business-Partnern werden. *Controlling &Management Review* 61 (2):64–67. https://doi.org/10.1007/s12176-016-0117-5.

Muff, Marc. 2019. Controlling digitaler Geschäftsmodelle – Disruption und Resilienzmanagement. In *Digitale Transformation im Finanz- und Rechnungswesen*, 1. Aufl., Hrsg. Christian Fink, Oliver Kunath, und Barbara Bilyk, 89–100. Stuttgart: Schäffer-Poeschel.

Najderek, Anne. 2020. Auswirkungen der Digitalisierung im Rechnungswesen – ein Überblick. In *Innovationen für eine digitale Wirtschaft*, Hrsg. Andrea Müller, Matthias Graumann, und Hans-Jörg. Weiß, 127–145. Wiesbaden: Springer.

Nasca, Deborah, Jan Christoph Munck, und Ronald Gleich. 2018a. Controlling-Hauptprozess: Einfluss der digitalen Transformation. In *Digitalisierung &*

Controlling. Technologien, Instrumente, Praxisbeispiele, 1. Aufl., Hrsg. Ronald Gleich und Martin Tschandl, 73–88. Freiburg i. Br.: Haufe.

Nasca, Deborah, Jan Christoph Munck, Andreas Wald, und Ronald Gleich. 2018b. Wie die digitale Transformation zum Erfolgsfaktor der „Modernen Budgetierung" wird – Ergebnisse einer empirischen Studie und Best-Practice-Beispiele. Controlling 30 (6):37–46. https://doi.org/10.15358/0935-0381-2018-6-37.

Niedermayr-Kruse, Rita, und Heimo Losbichler. 2016. Ein Leitfaden für die Controller-Entwicklung. Controlling & Management Review 60 (4):58–63. https://doi.org/10.1007/s12176-016-0063-2.

Nobach, Kai. 2019. Bedeutung der Digitalisierung für das Controlling und den Controller. In Wertschöpfung in der Betriebswirtschaftslehre, Hrsg. Patrick Ulrich und Björn. Baltzer, 247–269. Wiesbaden: Springer.

Nobach, Kai, und Christoph Immel. 2017. Vom Controller zum Business-Partner bei Bosch. Controlling & Management Review 61 (3):78–85. https://doi.org/10.1007/s12176-017-0044-0.

o. V. 2020a. Homepage des Unternehmens IBM. https://www.ibm.com/analytics, zuletzt aktualisiert am 10.07.2020.

o. V. 2020b. Homepage des Unternehmens Tableau software LLC. www.tableau.com, zuletzt aktualisiert am 22.08.2020.

o. V. 2020c. Unternehmenshomepage von Analplan. www.anaplan.com, zuletzt aktualisiert am 2020, zuletzt geprüft am 06.09.2020.

Otto, Boris. 2011. Data Governance. Business & Information Systems Engineering 3 (4): 241–244. https://doi.org/10.1007/s12599-011-0162-8.

Otto, Boris, und Dimitrios Gizanis. 2010. Management von Konzerndaten für eine bessere Datenqualität. Wirtschaftsinformatik und Management 2 (4): 70–74. https://doi.org/10.1007/BF03248279.

Otto, Boris, Kai M. Hüner, und Hubert Österle. 2012. Toward a functional reference model for master data quality management. Information Systems and e-Business Management 10 (3):395–425. https://doi.org/10.1007/s10257-011-0178-0.

Otto, Boris, und Christine Legner. 2016. Datenqualitätsmanagement für den Industriebetrieb. Controlling 28 (10):550–557. https://doi.org/10.15358/0935-0381-2016-10-550.

Otto, Boris, Hubert Österle. 2016. Corporate Data Quality. Voraussetzung erfolgreicher Geschäftsmodelle. Berlin: Springer Gabler. http://hdl.handle.net/10419/182358.

Pedell, Burkhard, Joachim Sautter, Svatopluk Alexander, Sven Fahn, und Marisa Schäfer. 2017. SAP™ S/4HANA Finance – Implementierungsstatus, Ziele, Erwartungen und Einführungsstrategien. *Controlling* 29 (3):54–61. https://doi.org/10.15358/0935-0381-2017-3-54.

Pereira, Daniel Silveira. 2020. Machine Learning. Machine Learning im Zeitalter der Datenüberflusses. *Controlling* 32 (2):65–66. https://doi.org/10.15358/0935-0381-2020-2-65.

Petrescu, Maria, und John Gironda. 2019. Interpris: intuitive qualitative data analysis. *Journal of Marketing Analytics* 7 (4):251–252. https://doi.org/10.1057/s41270-019-00057-4.

Petzold, Jürgen, und Markus Westerkamp. 2018. *Informationssysteme im wertorientierten Controlling Grundlagen – Aufbau – Anforderungen – Integration – Anwendungen.* Wiesbaden: Springer Gabler.

Philip Chen, C.L., und Chun-Yang. Zhang. 2014. Data-intensive applications, challenges, techniques and technologies: A survey on Big Data. *Information Sciences.* 275:314–347. https://doi.org/10.1016/j.ins.2014.01.015.

Prat, Nicolas. 2019. Augmented Analytics. *Business & Information Systems Engineering* 61 (3):375–380. https://doi.org/10.1007/s12599-019-00589-0.

Prewett, Kyleen W., Gregory L. Prescott, und Kirk Phillips. 2020. Blockchain adoption is inevitable – Barriers and risks remain. *Journal of Corporate Accounting & Finance* 31 (2):21–28. https://doi.org/10.1002/jcaf.22415.

Ransbotham, Sam, David Kiron. 2017. Analytics as a Source of Business Innovation. The increased ability to innovate is producing a surge of benefits across industries. *MIT sloan management review* (Spring) 58:1–17.

Rasche, Christoph, und Hanno Schmidt-Gothan. 2018. Controlling und Reportingsysteme in der Unternehmensrestrukturierung. In *Handbuch Unternehmensrestrukturierung. Grundlagen – Konzepte – Maßnahmen.* (2., überarbeitete Aufl,) korrigierte Publikation 2018 (Springer Reference Wirtschaft), Hrsg. Thomas C. Knecht, Ulrich Hommel und Holger Wohlenberg, 1983–2008. Wiesbaden: Springer Gabler.

Redman, Thomas. 1999. Measurement, Information, and Decision Making. In *Juran's quality handbook* (5. Aufl.), Hrsg. Joseph M Juran. New York: McGraw-Hill.

Reichmann, Thomas, Martin Kißler, und Ulrike Baumöl. 2017. 2. Kapitel: Kennzahlen als Controlling-Instrument, 81–162 von Thomas Reichmann, Martin Kißler und Ulrike Baumöl. ISBN 978-3-8006-5117-7.

Ribbert, Michael. 2005. Gestaltung eines IT-gestützten Kennzahlensystems für das Produktivitätscontrolling operativer Handelsprozesse.

Ein fachkonzeptioneller Ansatz am Beispiel des klassischen Lagergeschäfts des Lebensmittelgroßhandels. Zugl.: Münster (Westfalen), Univ., Diss, 2005. Berlin: Logos-Verl. (Advances in information systems and management science, Bd. 19). http://deposit.dnb.de/cgi-bin/dokserv?id=2679342&prov=M&dok_var=1&dok_ext=htm.

Rieg, Robert. 2015. *Planung und Budgetierung. Was wirklich funktioniert.* 2 überarb. Wiesbaden: Springer Gabler.

Rikhardsson, Pall, und Ogan Yigitbasioglu. 2018. Business intelligence & analytics in management accounting research: Status and future focus. *International Journal of Accounting Information Systems* 29:37–58. https://doi.org/10.1016/j.accinf.2018.03.001.

Rizk, Raya, Steve McKeever, Johan Petrini, und Erik Zeitler. 2019. Diftong: a tool for validating big data workflows. *Journal of Big Data* 6 (1):1–27. https://doi.org/10.1186/s40537-019-0204-5.

Sanders, Nada R. 2016. How to use big data to drive your supply chain. *California Management Review* 58 (3):26–48. https://doi.org/10.1525/cmr.2016.58.3.26.

Schäffer, Thomas, und Christian Leyh. 2017 Master Data Quality in the Era of Digitization – Toward Inter-organizational Master Data Quality in Value Networks: A Problem Identification. In Innovations in Enterprise Information Systems Management and Engineering (Bd. 285, Lecture Notes in Business Information Processing), Hrsg. Felix Piazolo, Verena Geist, Lars Brehm, und Rainer Schmidt, 99–113. Cham: Springer International Publishing.

Schäffer, Utz, und Lars Brückner. 2019. Rollenspezifische Kompetenzprofile für das Controlling der Zukunft. *Controlling & Management Review* 63 (7): 14–31. https://doi.org/10.1007/s12176-019-0046-1.

Schäffer, Utz, und Jürgen Weber. 2016. Die Digitalisierung wird das Controlling radikal verändern. *Controlling & Management Review* 60 (6): 6–17. https://doi.org/10.1007/s12176-016-0093-9.

Schäffer, Utz, und Jürgen Weber. 2018. Digitalisierung ante portas. *Controlling* 30 (S):4–11. https://doi.org/10.15358/0935-0381-2018-S-4.

Schlösser, Fabian, Bastian Borkenhagen, und Peter Schentler. 2019. Digitale Planung: Integriert, automatisiert, analytics-gestützt. In *Planung, Budgetierung und Forecasting – inkl. Arbeitshilfen online. Innovative und digitale Instrumente für die Unternehmenssteuerung* (Haufe Fachbuch), Hrsg. Ronald Gleich, Michael Kappes, und Jörg Leyk, 37–54. Stuttgart: Haufe.

Schmidt, Thomas. 2016. *Praxisleitfaden Management Reporting. Aufbau und Gestaltung als unternehmerisches Entscheidungstool.* Wiesbaden: Springer. http://gbv.eblib.com/patron/FullRecord.aspx?p=4505115.

Schmitz, Mario, Arnd Lawrenz, und Bianca Drerup. 2014. Reporting Factory in Controllerbereichen. In *Praxishandbuch Controlling*, Hrsg. Wolfgang Becker und Patrick Ulrich, 1–26. Wiesbaden: Springer.

Schmitz, Uwe. 2018. In-Memory-Technologie: Grundlage, Vorteile und Anwendungsmöglichkeiten. In *In-Memory-Datenbanken: Auf dem Weg zur Unternehmenssteuerung der Zukunft. Anwendungsmöglichkeiten und Migrationspfade am Beispiel von SAP HANA. Unter Mitarbeit von Andreas Kramer*, Hrsg. Ronald Gleich, Andreas Kramer, und Martin Esch, 29–42. Freiburg i. Br.: Haufe.

Schnupp, Constantin, und Klaus Möller. 2018. Capital budgeting optimization through process design. *Controlling* 30 (6):13–21. https://doi.org/10.15358/0935-0381-2018-6-13.

Schön, Dietmar. 2012. *Planung und Reporting im Mittelstand. Grundlagen, Business Intelligence und Mobile Computing.* Wiesbaden: Springer Gabler.

Schöning, Stephan, Viktor Mendel, und Aylin Köse. 2020. Mit neuen Controller-Kompetenzen in die Zukunft. *Controlling & Management Review* 64 (1):58–63. https://doi.org/10.1007/s12176-019-0073-y.

Schulte, Alexandra, und Oliver Bülchmann. 2016. Wie Big Data die Rolle des Controllers verändert. *Controlling & Management Review* 60 (1):54–61. https://doi.org/10.1007/s12176-016-0004-0.

Schulze, Mike, und Wolfgang Wiesmann. 2019. *Crashkurs Management Reporting*, 1. Aufl. Freiburg i. Br.: Haufe.

Sejdić, Goran. 2020. Digitale Transformation des Controlling/Finance-Bereichs. *Controlling* 32 (4):61–67. https://doi.org/10.15358/0935-0381-2020-4-61.

Seufert, Andreas. 2014. Das Controlling als Business Partner: Business Intelligence & Big Data als zentrales Aufgabenfeld. In *Controlling und Big Data. Anforderungen, Auswirkungen, Lösungen*, 1. Aufl., Hrsg. Ronald Gleich, 23–46. Freiburg: Haufe.

Shamsi, Jawwad, Muhammad Ali Khojaye, und Mohammad Ali Qasmi. 2013. Data-Intensive cloud computing: Requirements, expectations, challenges, and solutions. *Journal of Grid Computing.* 11 (2):281–310. https://doi.org/10.1007/s10723-013-9255-6.

Sidler, Paul, und Luca Gerussi. 2020. Vom Finanzbericht zum Controlling Cockpit im Zeitalter der Digitalisierung. Praxisbeispiel EKZ Eltop AG.

In *Die Digitalisierung der Controlling-Funktion. Anwendungsbeispiele aus Theorie und Praxis*, Hrsg. Imke Keimer und Ulrich Egle, 251–263. Wiesbaden: Springer Gabler.

Sinzig, Werner. 2015. In-memory Technik für Rechnungswesen und Controlling. *Controlling* 27 (4–5):236–241.

Springer, Virginia. 2020. Robotic Process Automation. *Controlling* 32 (1):69–71. https://doi.org/10.15358/0935-0381-2020-1-69.

Stein Smith, Sean. 2020. *Blockchain, artificial intelligence and financial services. Implications and applications for finance and accounting professionals.* (Ed. 1, Future of Business and Finance) Cham: Springer.

Steiner, Heinz, und Peter Welker. 2016. Wird der Controller zum Data Scientist? *Controlling & Management Review* 60 (1):68–73. https://doi.org/10.1007/s12176-016-0003-1.

Stephenson, Dominic, Roman Becker, Patrick Lange, Thilo Rau, und Alexander Riedel. 2013. Controlling shared services (CSS). Managing capabilities for the digital age. In *Finance bundling and finance transformation. Shared services next level*, Hrsg. Frank Keuper und Kai-Eberhard. Lueg, 341–361. Wiesbaden: Springer Gabler.

Strohmeier, Stefan. 2008. *Informationssysteme im Personalmanagement. Architektur – Funktionalität – Anwendung* (1. Aufl., GWV) Wiesbaden: Vieweg+Teubner. http://gbv.eblib.com/patron/FullRecord.aspx?p=751809.

Taschner, Andreas. 2013. *Management Reporting. Erfolgsfaktor internes Berichtswesen.* Wiesbaden: Springer. http://gbv.eblib.com/patron/FullRecord.aspx?p=1083298.

Taschner, Andreas. 2014. Wie Management Reporting 2020 aussehen könnte. *Controlling & Management Review* 58 (3): 7–15. https://doi.org/10.1365/s12176-014-0930-7.

van der Aalst, Wil M. P., Martin Bichler, und Armin Heinzl. 2018. Robotic process automation. *Business & Information Systems Engineering* 60 (4): 269–272. https://doi.org/10.1007/s12599-018-0542-4.

Waniczek, Mirko, Andreas Feichter, Patrick Schwarzl, und Christoph Eisl. 2018. *Management Reporting. Berichte wirksam und adressatengerecht gestalten* (Linde international). Wien: Linde.

Weber, Jürgen, Hrsg. 1993. *Praxis des Logistik-Controlling* (Schriftenreihe der Wissenschaftlichen Hochschule für Unternehmensführung Koblenz Management, 5). Stuttgart: Schäffer-Poeschel.

Weber, Jürgen. 2018. Robotics wird so selbstverständlich sein wie Elektrizität. *Controlling & Management Review* 62 (8): 24–29. https://doi.org/10.1007/s12176-018-0067-1.

Weber, Jürgen, Regina Malz, und Thomas Lührmann. 2012. *Excellence im Management-Reporting. Transparenz für die Unternehmenssteuerung* (Advanced Controlling). Weinheim: Wiley. http://gbv.eblib.com/patron/FullRecord.aspx?p=1120326.

Weiblen, Martin, Angela Wenzel, und Harald Schnell. 2010. Instrumente in unternehmensübergreifenden, globalen Wertschöpfungsketten. In *Controlling-Instrumente für die Konzernsteuerung. Gestaltung von Aufbau- und Ablauforganisation; betriebswirtschaftliche und rechtliche Aspekte; Kennzahlen für die Konzernsteuerung; Prozessoptimierung und IT-Unterstützung* (Der Controlling-Berater, 12), Hrsg. Andreas Klein, 221–248. Freiburg i. Br.: Haufe.

Weichel, Petra, und Jochen Herrmann. 2016. Wie Controller von Big Data profitieren können. *Controlling & Management Review* 60 (1):7–15. https://doi.org/10.1007/s12176-016-0012-0.

Yermack, David. 2017. Corporate Governance and Blockchains. *Review of Finance* 1:7–31. https://doi.org/10.1093/rof/rfw074.

Zechmann, Andreas, und Klaus Möller. 2016. Finanzielle Bewertung von Daten als Vermögenswerte. *Controlling* 28 (10): 558–566. https://doi.org/10.15358/0935-0381-2016-10-558.

3

Erfolgsfaktoren der Digitalisierung von Controlling-Prozessen

> **Was Sie aus diesem Kapitel mitnehmen**
>
> - Sie kennen die Erfolgsfaktoren der Digitalisierung von Controlling-Prozessen
> - Sie wissen, welchen Mehrwert die Standardisierung, Integration/Zentralisierung und Automatisierung liefert
> - Warum sich RPA für Sie lohnen könnte

3.1 Ziel und Methode

Nach einem Einblick, wie eine Umsetzung der Digitalisierung in ausgewählten Controlling-Prozesse aussehen kann, soll nun die Frage beantwortet werden, was die wichtigsten Aspekte sind, die man bei der Umsetzung der Digitalisierung in Controlling-Prozessen beachten sollte. Dazu wurde eine Literaturrecherche mit den Suchbegriffen „Controlling" & „Digitalisierung" bzw. „digitalisation"/

„digitalization" & „management accounting" auf den Literaturdatenbanken www.springer.de; www.onlinelibrary.wiley.com (Magazine: *Journal of Accounting Research, Contemporary Accounting Research, German Economic Research, Journal of Business Finance & Accounting, Abacus, Managerial and Decision Economics, Journal of Forecast*); www.pubsonline.informs.org (Magazine: *Information Systems Research; Management Science, Operation Research*); www.beck-elibrary.de und www.scholar.google.com durchgeführt.

Die ermittelten 1.274 Studien wurden nach den Suchbegriffen „Umsetzbarkeit", „Erfolgsfaktoren" oder „Handlungsempfehlung" bzw. „feasibility", „implement" oder „success" und „Controlling-Prozesse" gefiltert. Studien, die die Digitalisierung nicht auf das Controlling, sondern das Gesamtunternehmen bezogen, wurden nicht berücksichtigt. Von den Studien, die die Digitalisierung im Controlling untersucht haben, wurden ausschließlich die Dimension „Prozesse" und nicht die Dimensionen „Kompetenzen"; „Methoden"; „Technologien" und „Daten" weiter untersucht.[1]

Durchgeführte Auswertungsschritte
1. Auswahl der Studien, in denen relevante Textstellen zum Thema Umsetzbarkeit/Erfolgsfaktoren/Handlungsempfehlungen der Digitalisierung in Controlling-Prozessen gefunden wurden. 61 Studien haben diese Kriterien erfüllt (s. Anhang III)
2. Ausschneiden, der für die Forschungsfrage interessanten Textstellen
3. Bildung von Clustern
4. Markieren der ausgewerteten Textstellen
5. Zuteilung der Textstellen zu den Clustern
6. Auswerten der Ergebnisse (Anhang IV)
7. Analyse der Ergebnisse[2]

---

[1] Vgl. Keimer et al. (2018, S. 12).
[2] Vgl. Scheu (2018, S. 249).

Tab. 3.1 Cluster und ihre Verteilung

Cluster	Anzahl der Nennungen
Automatisierung	27
Integration / Zentralisierung der Prozesse	21
Standardisierung	20
Spezialisierung	13
Effizienzgewinn	12
Shared Service	7
Self Service; Flexibilität	Jeweils 6
Kosten/Nutzen; Transparenz/Partizipation; Vernetzung/Verknüpfung;	Jeweils 4
Treiberbäume; Controller unterstützt Geschäftsleitung; Controller als Business-Partner; Fokus auf Forecast; Prozessmanagement, -analyse;	Jeweils 3
Kommunikation; Geduld; Identifizierung von geeigneten Prozessen; Workflow; CEO/CFO übernimmt Verantwortung in Digitalisierung; Balance zwischen Standards und Flexibilität; Reporting Factory; Outsourcing	Jeweils 2
Pilotprojekt; Managementakzeptanz; Controller ist antizipatives und proaktiv; Fehlertoleranz; Fokus auf kontinuierliche Veränderung; Ganzheitliches Vorgehen; Change Management	Jeweils 1
Summe	162

3.2 Ergebnisse der Analyse

Eine Zusammenfassung der Ergebnisse liefert Tab. 3.1 mit einer Auflistung der Cluster und der jeweiligen Anzahl der Nennungen. Eine ausführliche Auflistung der Ergebnisse samt den verwendeten Studien ist im Anhang IV.

Die prozentuale Verteilung der Ergebnisse zeigt die Abb. 3.1.

Die drei am häufigsten genannten Cluster sind die **Automatisierung** (17 %), **Integration/Zentralisierung** (13 %) und **Standardisierung** (12 %). Dies bestätigt die Meinung von *Schäffer* und *Weber*, die die drei größten Effektivitäts- und Effizienzpotenziale der Controlling-Prozesse in der Standardisierung, der Zentralisierung und der Automatisierung sehen.³ In der Forschungsliteratur ist man sich einig, dass die Zentralisierung und die Standardisierung die Voraussetzungen für die Automatisierung sind, aber uneinig, ob die Standardisierung vor der Zentralisierung oder umgekehrt erfolgen sollte.⁴ Die Auswertung der drei meist genannten Cluster zeigt, dass die Datenqualität, Prozesstransparenz und Vereinheitlichung von Schnittstellen, Templates, Untersuchungsschritten, Datenbasis und Standards eine wichtige **Voraussetzung** für die Digitalisierung der Controlling-Prozesse sind. In der **Umsetzung** sind digitale Tools, wie das Business Process Management, ERP-Systeme und RPA bedeutend. Die **Wirkung** der Digitalisierung zeigt sich insbesondere im Effizienzgewinn und einer höheren Datenqualität (s. Tab. 3.2).

3.3 Einsatz der Erfolgsfaktoren in Controlling-Prozessen

Das Thema Digitalisierung in Controlling-Prozessen hat, gemessen an der Anzahl der Studien zu diesem Thema, eine hohe Bedeutung in der Forschung. Die meist genannten Begriffe Automatisierung, Integration/Zentralisierung und Standardisierung werden in fast der Hälfte (42 %) der Studien mindestens ein Mal genannt und haben in den untersuchten Controlling-Prozessen einen starken Zusammenhang.

Es zeigt sich, dass die Cluster Standardisierung, Integration/Zentralisierung und Automatisierung sehr stark mit dem Controlling-Prozess Datenmanagement zusammenhängen. Insbesondere bei den Voraussetzungen zeigt sich dies, z. B. durch die Begriffe „Konsistentes Datenkonzept", „Zusammenwachsen der Datenbasis", „Datensicherheit", „Datenqualität" (s. Tab. 4.2). Diese Erkenntnis bestätigt die Ergebnisse des Abschnitts 2.3.3, bei der Umsetzung in der Unternehmenspraxis mit dem Datenmanagement zu beginnen, da sich

---

³ Vgl. Schäffer und Weber (2018, S. 17 ff.).
⁴ Vgl. Klingebiel (2019, S. 166); Heimel und Müller (2019, S. 416); Nasca et al. (2018b, 42 f.); Keimer et al. (2018, S. 42); Schäffer und Weber (2018, S. 17); Gleich (2015, S. 30).

3 Erfolgsfaktoren der Digitalisierung von Controlling-Prozessen

Tab. 3.2 Ergebnisse des Clusteranalyse

1. Standardisierung:		
Voraussetzung	Umsetzung	Wirkung
• Konsistentes Datenkonzept, fehlerfreie Stamm- und Bewegungsdaten; und transparente Beschaffung, Speicherung und Auswertung der Daten[5] • Die eingesetzten Technologien, wie künstliche Intelligenz oder Blockchain führen zur Reduktion von Schnittstellen[6] • Zusammenwachsen der Datenbasis (intern/extern; Rechnungswesen/ Controlling) und vollautomatisierte Berichterstattung[7] • Prozessbeschreibung	• Einführung von Business-Process-Management[8] • Erstellung von Templates • Bereitstellung einer standardisierten Zahlenbasis in einer effizienten und benutzerfreundlichen Form, ohne die hohe Qualität der Daten negativ zu beeinflussen • Einführung einer standardisierten Kommunikation (Smart Reporting)[9]	• Einfache und intuitive Handhabung[10] • Effizientere Implementierung und Anwendung von Analysemöglichkeiten und -tools • Ermöglicht Effizienzsteigerung und Automatisierung der Controlling-Prozesse • Verhinderung von Informationschaos und -überflutung und stellt die Weiterverarbeitung und Steuerungsrelevanz der integrierten und generierten Informationen sicher[11] • Es werden tendenziell mehr und detaillierte Daten direkt auf Basis der eigentlichen Datenquellen ausgewertet und berichtet • Die Standardisierung und Automatisierung schafft für den Controller Freiräume, um sich mit Analysen zu beschäftigen und sich auf die Interpretation und Kommunikation der Ergebnisse zu konzentrieren[12]

(Fortsetzung)

---

[5] Vgl. Mayer et al. 2017, S. 18.
[6] Vgl. Keimer und Egle 2018, S. 64; Kirchmann et al. 2016, S. 29.
[7] Vgl. Kirchmann et al. 2016, S. 29.
[8] Vgl. Klingebiel 2019, S. 166.
[9] Vgl. Gerig 2020, S. 215.
[10] Vgl. Gerig 2020, S. 215.
[11] Vgl. Heimel und Müller 2019, S. 421 f.
[12] Vgl. Keimer und Egle 2020, S. 3 ff.

Tab. 3.2 (Fortsetzung)

1. Standardisierung:		
Voraussetzung	Umsetzung	Wirkung
2. Integration/Zentralisierung		
Voraussetzung • Standardisierung[13] • Auswahl digitaler Kennzahlen für spätere Integration[14] • Kompetenzen, Datensicherheit und Transparenz müssen analog zur Integration gesteigert werden[15] • Hohe Datenqualität[16] • Vereinheitlichung von Templates und Untersuchungsschritten[17]	Umsetzung • Anpassung der Enterprise-Resource-Planning (ERP)-Systeme[18] • Zentralisierung / Bündelung in Shared Service Centern[19,] mit den zwei Varianten: Center of Scale (Zusammenfassung von Massenprozessen) und Center of Excellence (setzt fachliches Know-how voraus)[20]	Wirkung • Ermöglicht Standardisierung[21] • Mehr Auswertungsqualität[22] • Einbezug verschiedener Prozesse und Steuerungsebnen wird erleichtert[23] • Skalen- und Bündelungseffekte, die die Effizienz steigern[24] • Erleichtert Rückschlüsse auf Planerreichung und wird durch Wegfallen von Zwischenschritten einfacher und effizienter[25]

---

[13] Vgl. Heimel und Müller 2019, S. 416 ff.
[14] Vgl. Wolf und Heidlmayer 2019, S. 29.
[15] Vgl. Nasca et al. 2018a, S. 87.
[16] Vgl. Kappes und Leyk 2018, S. 11.
[17] Vgl. Keimer et al. 2018, S. 42.
[18] Vgl. Klingebiel 2019, S. 166.
[19] Vgl. Klingebiel 2019, S. 166.
[20] Vgl. Eymers et al. 2018a, S. 121.
[21] Vgl. Eymers et al. 2018b, S. 20.
[22] Vgl. Pabinger und Mayr 2019, S. 101.
[23] Vgl. Ploier und Mayr 2019, S. 198.
[24] Vgl. Eymers et al. 2018a, S. 121.
[25] Vgl. Nasca et al. 2018b, S. 42.

3 Erfolgsfaktoren der Digitalisierung von Controlling-Prozessen

Tab. 3.2 (Fortsetzung)

1. Standardisierung:		
Voraussetzung	Umsetzung	Wirkung

3. Automatisierung		
Voraussetzung	Umsetzung	Wirkung
• Standardisierung der Controlling-Prozesse[26] • Bei repetetiven Controlling-Prozessen (z. B. Reporting) sind eine standardisierte Umgebung mit kompatiblen Daten und sehr robusten Treibermodellen eine Voraussetzung[27] • Selbstlernende Systeme und künstliche Intelligenz[28]	• Das größte Automatisierungspotenzial haben die eher repetetiven Prozesse, wie das Reporting[29] • Schrittweise, d. h. erst Teilaspekte automatisieren[30] • RPA[31] • Flexibilität und Anpassbarkeit der Prozesse muss erhalten bleiben[32]	• Effizienzgewinne in der Controlling-Organisation[33] • Die Prozessdurchführung wird beschleunigt und Informationen stehen schneller zur Verfügung[34] • Qualitätsgewinn[35]

ein Großteil der Digitalisierungsvoraussetzungen auf das Datenmanagement beziehen.

In der Umsetzung gilt der Fokus auf die Auswahl der richtigen Software-Tools. Die Controlling-Organisation sollte sich dazu intensiv mit

---

[26] Vgl. Eymers et al. 2018b, S. 20.
[27] Vgl. Heimel und Müller 2019, S. 422.
[28] Vgl. Ploier und Mayr 2019, S. 198.
[29] Vgl. Heimel und Müller 2019, S. 416.
[30] Vgl. Nasca et al. 2018b, S. 42 f.
[31] Vgl. Knauer et al. 2020, S. 68; Klingebiel 2019, S. 166.
[32] Vgl. Egle und Keimer 2017, S. 24.
[33] Vgl. Heimel und Müller 2019, S. 422.
[34] Vgl. Egle und Keimer 2017, S. 24.
[35] Vgl. Gleich 2015, S. 30.

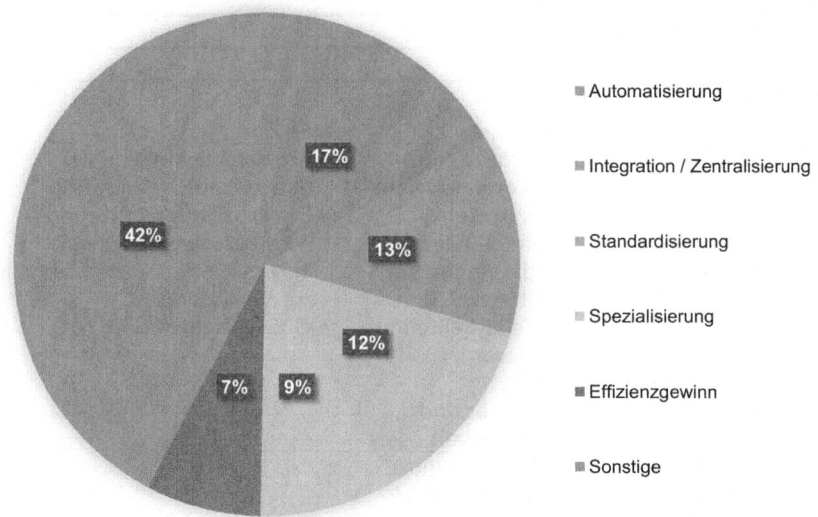

Abb. 3.1 Verteilung der Cluster. (Quelle: Eigene Darstellung)

internen oder externen IT-Fachleuten austauschen. Als Entscheidungsunterstützung gilt ein Vergleich von Aufwand und Nutzen, wobei sich der Aufwand aus finanziellen und personellen Aspekten zusammensetzt. Die genannte Wirkung Effizienzgewinn und eine höhere Datenqualität kann als Projektziel und somit Erfolgsindikator definiert werden.

3.4 Umsetzung der Erfolgsfaktoren

3.4.1 Standardisierung

Als Standardisierung bezeichnet man die Entwicklung eines Standardprozesses oder die Verwendung eines Best-Practice-Prozesses, den man als Vorlage für verschiedene Anwendungen einsetzt. Dabei ist jedes Unternehmen bemüht eine prozesszentrierte Kultur zu entwickeln und einen guten Kompromiss zwischen einer Standardisierung

3 Erfolgsfaktoren der Digitalisierung von Controlling-Prozessen

und Individualität sowie zwischen zentralisierter Kontrolle und dezentralisierter Autonomie zu finden.[36] Die Ziele der Prozessstandardisierung sind ein konstantes Datenkonzept, fehlerfreie Stamm- und Bewegungsdaten und die transparente Beschaffung, Speicherung und Auswertung der Daten.[37]

Zu den Vorteilen der Standardisierung gehören:

- Die Standardisierung wird als Voraussetzung sowohl für die Integration/Zentralisierung der Prozesse als auch für die Automatisierung gesehen.[38]
- Kunden und Zulieferer nehmen einen einheitlichen Auftritt und häufig eine damit verbundene Qualität des Unternehmens wahr.
- Die Standardisierung lässt hohe Einsparungen bei Supportleistungen wie Schulungen, Beratungen und IT-Systeme zu.
- Standardisierung ermöglicht Mitarbeitenden einen flexiblen Einsatz in verschiedenen Unternehmensbereichen.[39]
- Die Standardisierung verhindert Informationschaos oder -überflutung, stellt die Weiterverarbeitung und Steuerungsrelevanz der integrierten und generierten Informationen sicher und reduziert Fehler.
- Standardisierung erhöht das Prozessverständnis.[40]
- Standardisierung verbessert die Dokumentation.[41]
- Standardisierte Prozesse ermöglichen eine Skalierbarkeit.[42]
- Die Zeit- und Kostenersparnis führt meist zu einer höheren Flexibilität.[43]

---

[36] Vgl. Tregear (2015, S. 421); Heimel und Müller (2019, S. 422); Brandner und Kurz (2019, S. 634).
[37] Vgl. Mayer et al. (2017, S. 18).
[38] Vgl. Heimel und Müller (2019, 416 ff.); Eymers et al. (2018b, S. 20).
[39] Vgl. Tregear (2015, S. 422).
[40] Vgl. Wüllenweber et al. (2008, S. 212).
[41] Vgl. Siha und Saad (2008, S. 791).
[42] Vgl. Wurm und Mendling (2020, S. 281).
[43] Vgl. Münstermann und Weitzel (2008, S. 14).

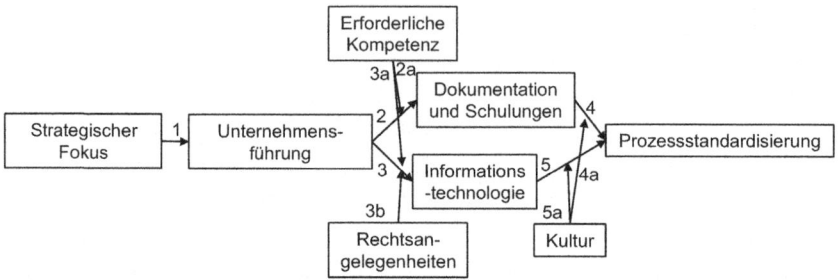

Abb. 3.2 Ablaufmodell Prozessstandardisierung. (Quelle: In Anlehnung an Wurm und Mendling[49])

Den Vorteilen der Standardisierung steht vor allem der Nachteil entgegen, dass das Unternehmen mit einer hohen Standardisierung weniger flexibel auf die Bedürfnisse des Kunden eingehen kann.[44] Die Standardisierung von Prozessen stellt in vielen Fällen einen immensen Mehraufwand dar, der erst im Laufe der Zeit durch einen zusätzlichen Nutzen kompensiert wird.[45] Die empirische Untersuchung des Einflusses der Geschäftsprozesskomplexität auf den Standardisierungsaufwand zeigt erstens einen signifikant positiven Zusammenhang zwischen der Geschäftsprozesskomplexität und dem Standardisierungsaufwand und zweitens einen negativen Zusammenhang zwischen der Geschäftsprozesskomplexität und der Geschäftsprozessstandardisierung.[46] Die Vielfalt an Geschäftsprozessen macht das Management von Prozessen zu einer schwerfälligen Angelegenheit.[47] Zudem gibt es nicht viele Erkenntnisse über die Voraussetzungen und/oder Rahmenbedingungen für die Standardisierung von Prozessen.[48] Der vorliegende Quick Guide „Digital Controlling" stellt Ihnen die wichtigsten Erkenntnisse kompakt zusammen und soll Ihnen die Standardisierung deutlich vereinfachen.

---

[44] Vgl. Hall und Johnson (2009, S. 11).
[45] Vgl. Brandner und Kurz (2019, S. 636).
[46] Vgl. Schäfermeyer et al. (2012, S. 251).
[47] Vgl. Schafermeyer et al. (2010, S. 1).
[48] Vgl. Wurm und Mendling (2020, S. 281).
[49] Vgl. Wurm und Mendling (2020, S. 290).

3 Erfolgsfaktoren der Digitalisierung von Controlling-Prozessen

Auswahl des Controllingprozesses mit dem größten Standardisierungspotential

- Prozesse mit einem geringen Komplexitätsgrad und ähnlichen, sich wiederholenden Handlungsabläufen eignen sich besonders für die Standardisierung.
- Bei einer hohen Bedeutung der technischen Infrastruktur, einem hohen Automatisierungsgrad des Prozesses ist das Standardisierungspotential sehr hoch.
- Wenig Berührungspunkte mit Externen, wie z. B. Kunden oder Lieferanten, sind vorteilhaft für die Standardisierung. Dies könnte beim Datenmanagement eine Rolle spielen, wenn externe Daten von beispielsweise Forschungsinstituten bezogen werden.[50]

In den Bereichen der Planung, Kontrolle und Informationsversorgung sind standardisierte Vorgehensweisen sinnvoll.[51] Im Management Reporting gaben in der Analyse von *Weber et al.* 60 % aller befragten Unternehmen an, dass die Systemgestaltung Ursache für Abstimmungsschwierigkeiten ist.[52] Daher empfiehlt es sich besonders im Management Reporting den Fokus auf das Controllingsystem zu legen.

Die größten Erfolgsfaktoren bei der Standardisierung von Geschäftsprozessen lassen sich wie folgt zusammenfassen:[53]

1. Strategischer Fokus: Die Übereinstimmung zwischen der Geschäftsleitung und dem Prozessverantwortlichen bezüglich der Strategie ist von entscheidender Bedeutung. Es ist zu unterscheiden, ob die Unternehmensstrategie gewinn- oder wachstumsorientiert ist. Die Frage, ob die Geschäftsleitung eher gewinn- oder wachstumsorientiert ist, wird mitentscheidend dafür sein, ob man sich für eine lokale Variante (gewinnorientiert) oder eine Prozessstandardisierung

---

[50] Vgl. Brandner und Kurz (2019, S. 636).
[51] Vgl. Becker et al. (2017, S. 10).
[52] Vgl. Weber et al. (2008, S. 36).
[53] Vgl. Wurm und Mendling (2020, 287 ff.)

(wachstumsorientiert) entscheidet. Nur durch eine ausreichende Unterstützung der obersten Führungsebene lässt sich eine Prozessstandardisierung nachhaltig umsetzen.
2. Organisationsstruktur: Die Verteilung der Verantwortung und Rollen sowie die Erfolgsmessung haben eine hohe Bedeutung, da das Prozessdesign meist in den übergeordneteren Bereichen erfolgt und dann an die untergeordneten Bereiche zur Umsetzung delegiert wird.[54] Die Prozessstandardisierung erfordert die Zentralisierung der Unternehmensführungsmechanismen und -instrumente.
3. Partizipation: Einbezug der betroffenen Abteilungen und Mitarbeitenden.[55]
4. Begrifflichkeiten und Transparenz: Für die Optimierung der Kommunikation und zur Erfüllung von Analyse- und Reportinganforderungen sollten erforderliche Begriffe und Inhalte (z. B. Namen, Verantwortlichkeiten, Kalkulationslogiken) vereinheitlicht und für alle Beteiligten zugänglich dokumentiert werden.[56]
5. Unternehmenskultur: Wenn das kulturell verankerte Bestreben nach Unsicherheitsvermeidung hoch ist, sind Mitarbeitende tendenziell eher bereit die Standards einzuhalten als in einer Unternehmenskultur mit einem niedrigen Bestreben nach Unsicherheitsvermeidung.[57]
6. Dokumentation und Schulungen: Um die Mitarbeitenden zu befähigen den Standardprozess einheitlich umzusetzen, sollte der Prozessstandard für alle Mitarbeitende zugänglich dokumentiert und regelmäßig geschult werden.
7. Informationstechnologie (IT): Die IT ist heutzutage nicht mehr nur ein integrierender Bestandteil des Prozessstandardisierung, sondern ist selbst ein Geschäftsfaktor.[58] Die Ursache in Prozessvarianten ist meist in verschiedenen Softwareanwendungen zu finden. Mit einer

---

[54] Vgl. Tregear (2015, S. 422); Muenstermann und Eckhardt (2009, S. 14); Burr und Stephan (2006, 58 f.).
[55] Vgl. Muenstermann und Eckhardt (2009, S. 14).
[56] Vgl. Schmuck und Andersen (2012, S. 162).
[57] Vgl. Hofstede et al. (2010, S. 188).
[58] Vgl. Harmon (2010, S. 48).

integrierten Software legen Sie den Grundstein für eine Prozessstandardisierung und -automatisierung.[59] Die Software kann die Mitarbeitenden bei der Umsetzung des Prozessstandards unterstützen.

8. Erforderliche Kompetenz: Je mehr Kompetenz der Mitarbeitenden bei der Umsetzung des Prozesses erforderlich ist[60], desto größer ist der notwendige Handlungsspielraum der beteiligten Mitarbeitenden und desto schwieriger lässt sich der Prozess standardisieren.
9. Rechtsangelegenheiten: In der Standardisierung und Prozessumsetzung müssen Rechtsangelegenheiten, wie die Bilanzierungsrichtlinien eingehalten werden.

Die Reihenfolge der beschriebenen Haupteinflussfaktoren sehen Sie im Ablaufmodell, das in Abb. 3.2 dargestellt ist.

Die Umsetzung der Prozessstandardisierung unterteilt sich nach *Kettenbohrer et al.* in folgende Phasen:[61]

- Vorphase: Mitarbeitende mit Erfahrung im Prozessmanagement und ausreichenden Einblicken in die Geschäftsprozesse des Unternehmens wählen aus allen vorhandenen Unternehmensprozesse die Prozesse mit der größten Anwendbarkeit und dem höchsten erwarteten Nutzen in Form von Zeit- und/oder Kostenersparnis und Qualitätserhöhung aus. Schließlich entscheidet die Geschäftsleitung, ob und wann das Standardisierungsprojekt umgesetzt werden soll.

1. Phase: In dieser Phase erfolgt die Auswahl mehrerer Standardprozessverantwortlicher und des Verantwortlichen für die Standardisierung des Controllingsprozesses.
2. Phase: Die Entwicklung des Prozesses unterteilt sich in drei Schritte.
   a. Vergleich: Um die vorhandenen Prozessvarianten zu vergleichen, diskutiert das Projektteam die internen und/oder externen Varianten, definiert Vergleichsparameter, wie Durchlaufzeiten und

---

[59] Vgl. Vries et al. (2011, S. 1008).
[60] Vgl. Işik et al. (2013, S. 515).
[61] Vgl. Kettenbohrer et al., S. 4.

wertet mit diesen Vergleichsparametern eine bestimmte Anzahl von Prozessen aus.[62]
b. Prozessdefinition: Der Standardprozess wird definiert, indem ein bisheriger Standardprozess optimiert wird oder ein neuer Standardprozess aus mehreren Modulen vorhandener Standardprozesse zusammengeführt wird.
c. Die Leiter der verschiedenen Bereiche vergleichen ihre jeweiligen Prozessvarianten mit der neuen Variante, um mögliche potentielle Barrieren ausfindig zu machen. Danach werden die notwendige Schritte definiert, um mögliche Barrieren zu überwinden und die Kosten dafür abzuschätzen. Wenn der Nutzen die geschätzten Kosten übersteigt, wird der Standardprozess implementiert.
3. Phase: Implementierung: Nachdem mögliche Barrieren überwunden sind, werden Prozessteilnehmende geschult.

Da Zeit bekanntlich und insbesondere im Unternehmenskontext Geld ist, ist zu überlegen, wie tief die Standardisierung durchgeführt werden soll. Die Tiefe der angestrebten Standardisierung korreliert mit der Komplexität und dem notwendigen Aufwands.[63] Um Unternehmen die Entscheidung zu erleichtern, welche Tiefe für das Unternehmen angemessene ist, haben *Afflerbach et al.* ein Entscheidungsmodell erstellt. Das Modell bewertet die Effekte der Prozessstandardisierung mittels der Dimensionen „Kosten", „Dauer", „Qualität" sowie „Flexibilität" und priorisiert diese Dimensionen anhand der Standardisierungstiefe und dem damit einhergehenden Mehrwert für das Unternehmen.[64]

Vereinfachung der Prozessstandardisierung durch folgende Dimensionen

1. Der Grad der Verschriftlichung des Prozesses.[65]
2. Einteilung des Prozesses in Phasen (und Teilphasen).[66]

---

[62] Vgl. Münstermann und Weitzel (2008, S. 9).
[63] Vgl. Schmuck und Andersen (2012, S. 162).
[64] Vgl. Afflerbach et al. (2016, 335 ff.).
[65] Vgl. Ungan (2006, 135 ff.).
[66] Vgl. Münstermann und Weitzel (2008, S. 12).

3. Entfernung von spezifischen Aspekten, die wahrscheinlich keine Verwendung mehr finden werden.[67]
4. Einbau von bewährtem Wissen und Erfahrungen.[68]

3.4.2 Integration/Zentralisierung

Die Standardisierung ist eine wichtige Voraussetzung für die Integration der Prozesse in sogenannten Shared Service Centern (SSC) und die spätere Automatisierung der Prozesse.[69] Für Unterstützungsleistungen werden vermehrt organisatorische Lösungen durch SSC angeboten. Dabei handelt es sich um Supportprozesse, die vor allem Aufgaben im Verwaltungs- und Dienstleistungsbereich umfassen.[70]

Tab. 3.3 Vor- und Nachteile von verschiedenen Implementierungsreihenfolgen. (Quelle: In enger Anlehnung an Becker et al.[71])

	Prozessoptimierung als Erstes	Reorganisation als Erstes
Vorteile	1. Wird von Konzerneinheiten als «Bottom-up»-Ansatz empfunden und daher leicht akzeptiert. 2. Schnellerer Fortschritt in der Prozessoptimierung. 3. Geringeres Risiko mangelhafte Prozesse zu übernehmen.	1. Rasche Inbetriebnahme. 2. Demonstriert das Vertrauen und Commitment der Konzernspitze und fördert Akzeptanz. 3. Verantwortung für den Prozess liegt von Beginn an beim SSC.
Nachteile	1. Prozessverantwortung entsteht langsam. 2. Zunehmende Verunsicherung der Mitarbeitenden durch Verzögerung der Inbetriebnahme.	1. Prozessüberarbeitung dauert länger, da organisatorische Maßnahmen meist in mehreren Phasen ablaufen. 2. Reorganisation könnte als Endstadium gesehen und Prozessoptimierung vernachlässigt werden.[72]

---

[67] Vgl. Lee und Tang (1997, S. 40).
[68] Vgl. Ungan (2006, 135 ff.).
[69] Vgl. Rau et al. (2012, S. 64); Klingebiel (2019, S. 166); Gleich (2015, S. 30); Heimel und Müller (2019, S. 421); Eymers et al. (2018b, S. 20).
[70] Vgl. Fischer und Sterzenbach (2006, S. 124).
[71] Vgl. Becker et al. 2008, S. 62.
[72] Vgl. Becker et al. 2009, S. 62.

Tab. 3.4 Vor- und Nachteile von unterschiedlichen Implementierungsstrategien. (Quelle: In enger Anlehnung an Becker et al.[73])

	Schrittweise	Umfassend
Vorteile	1. Erfahrungen erster Übertragungen werden genutzt und Verbesserungen sind leichter möglich. 2. Geringerer Koordinationsaufwand und besserer Überblick.	1. Schnellerer Abschluss der Reorganisation und Umsetzung des SSC. 2. Förderung der Mitarbeitendenmotivation.
Nachteile	1. Einführung aller geplanten Prozesse wird verzögert, was zu sinkender Mitarbeitendenmotivation führen kann.[74]	1. Es besteht ein höheres Risiko des Scheiterns. 2. Fehler werden eventuell mehrfach begangen. 3. Hoher Koordinations- und Managementaufwand. 4. Hoher Anspruch an Mitarbeitenden.

Was spricht dafür einen SSC einzuführen? Die wichtigsten Gründe für die Einführung aus Sicht der befragten Unternehmen sind folgende, sortiert nach absteigender Bedeutung:

1. Kostenreduktion durch Standardisierung/Automatisierung
2. Kostenreduktion durch Skalenerträge
3. Kostenreduktion durch Prozessoptimierung
4. Steigerung der Prozesssicherheit
5. Steigerung der Datenqualität
6. Kostenreduktion durch Stellenreduktion
7. Senkung der Prozessdurchlaufzeiten[75]

---

[73]Vgl. Becker et al. 2008, S. 63.
[74]Vgl. Hansmann et al. 2012, 279 ff.
[75]Vgl. Reimann und Möller (2015, S. 13).

3 Erfolgsfaktoren der Digitalisierung von Controlling-Prozessen

Um die genannten Vorteile zu nutzen, sollten folgende Umsetzungsvoraussetzungen vorhanden sein:

1. Erfolgsfaktoren:

   a Unterstützung des Top-Managements und die Einbettung in die Unternehmensstrategie mit klarer, quantitativer Zielsetzung.[76]

   b Festlegung der erwarteten Qualität in Bezug auf beispielsweise Durchlaufzeit und Fehlerquote und den Preis in einem Service Level Agreement (SLA).[77]

   c Auswahl geeigneter Prozesse[78]. Grundsätzlich eignen sich alle Prozesse entlang der Wertschöpfungskette mit Ausnahme der Kernprozesse.[79] Im Jahre 2018 waren ca. 15 % der Prozesse des Management Reportings, 13 % der Prozesse der operativen Planung und Budgetierung und 12 % der Prozesse des Finanz-Forecasts im SSC vertreten.[80] Des Weiteren bietet sich die Bündelung aufgrund von Skaleneffekten besonders für große Unternehmen an.[81]

   d Um eine mögliche Skepsis, Befürchtungen und Unsicherheiten der Mitarbeitenden gegenüber dem SSC auszuräumen, gilt es frühzeitig den „Wandlungsgedanken" sowie die Zielsetzung zu kommunizieren und geeignete Mitarbeitende frühzeitig in die Veränderung einzubinden.[82] Die Mitarbeitendentransformation wird

---

[76] Vgl. Camin (2018, S. 32).
[77] Vgl. Fritze et al. (2013, S. 640).
[78] Vgl. Becker et al. (2008, S. 31).
[79] Vgl. Wißkirchen und Mertens (1999, S. 95).
[80] Vgl. Schäffer und Weber (2018, S. 19); Fritze et al. (2013, S. 640).
[81] Vgl. Klingebiel (2019, S. 161); Kajüter et al. (2017, S. 51); Fritze et al. (2013, S. 634).
[82] Vgl. Becker et al. (2008, 25 ff.); Becker et al. (2009, S. 59).

durch die Reduzierung von Unsicherheiten und die Schaffung von Anreizen wirkungsvoll.[83]

e Realisierung von zeitnahen Implementierungserfolgen zur Generierung eines Momentums.[84]

f Die Implementierung sollte nach einem fest vorgegebenen Zeitplan erfolgen[85], sollte circa zwölf Monate von der ersten konzeptionellen Überlegung bis zur „Live-Schaltung" umfassen[86] und lässt sich in folgende Hauptphasen unterteilen:

> i) Bestandsaufnahme: Bewertung der bisherigen Prozesse, um Prozesse zur Verlagerung zu identifizieren.
>
> ii) Konzeption: Planung des Leistungsumfangs des SSC und Entwurf eines Business Cases als betriebswirtschaftliche Grundlage für die Entscheidung zur Implementierung.[87]
>
> iii) Umsetzungsplanung: Einleitung der Inbetriebnahme und Umsetzung der letzten Schritte wie Standortauswahl.

2. Implementierungsstrategien:

a Reihenfolge: Entweder erst die Prozessoptimierung und dann die Reorganisation oder umgekehrt. Die Vor- und Nachteilen stellt Tab. 3.3 gegenüber.

b Anzahl der zu übertragenden Prozesse: Es kann zwischen einer schrittweisen (step by step) oder umfassenden (Big Bang) Übertragung unterschieden werden. Die Vor- und Nachteile erläutert die Tab. 3.4.

---

[83] Vgl. Wißkirchen und Mertens (1999, 106 f.)
[84] Vgl. Bangemann (2005, S. 58).
[85] Vgl. Bangemann (2005, S. 134).
[86] Vgl. Adelt und Stuff, S. 27.
[87] Vgl. Hermes (2005, S. 133).

3.5 Automatisierung

Für die meisten Unternehmen spielt die manuelle Aufbereitung von Finanzdaten, z. B. für die regelmäßige Erstellung von Reports, heute noch eine große Rolle.[88] Dies scheint sich durch eine neue Generation von Software-Lösung zur Prozessoptimierung, der RPA, zu ändern.[89] Die Vorteile einer RPA sind zahlreich und lassen sie wie folgt zusammenfassen:

1. Effizienssteigerung durch den verringerten Bedarf an menschlicher Arbeitskraft und der damit einhergehenden Kostenreduktion.
   a Personalabbau
   b Höhere Mitarbeitendenzufriedenheit, falls sie sich nun spannenderen Tätigkeiten widmen können, die möglicherweise sogar mehr Wertschöpfung generieren.
   c Ein Roboter kostet schätzungsweise nur rund ein Neuntel von einer mitteleuropäischen Arbeitskraft.
2. Qualitätserhalt, da Roboter nicht ermüden und stets nach den gleichen vorgegebenen Regeln handeln. Dadurch bleibt die Qualität auf einem hohen Niveau und Compliance-Anforderungen werden besser eingehalten.
3. Geringere Durchlaufzeiten, da Roboter meist schneller als Menschen sind.[90]

Die zunehmende Akzeptanz und Verbreitung in Unternehmen verschiedener Größe lässt sich durch die relativ schnelle, kostengünstige und einfache Implementierung, d. h. ohne tiefgreifende Programmier-

---

[88] Vgl. KPMG AG Wirtschaftsprüfungsgesellschaft, S. 15.
[89] Vgl. Langmann und Turi (2020, S. 1).
[90] Vgl. Scheppler und Weber (2020, S. 154).

kenntnisse erklären.[91] Erste Berichte zum Effizienzgewinn beim Einsatz von RPA sind sehr vielversprechend.[92]

Bei der Implementierung von RPA helfen folgende für den Leser möglichst kurz zusammengefasste Erfolgsfaktoren:

1. Projektstruktur: Zu Beginn des Projekts sollten die Zielsetzung und das Personal festgelegt werden.[93]

   a Zielsetzung: Üblicherweise ist das Ziel die Automatisierung eines ersten Prozesses oder die Integration der RPA-Software in die organisationseigene IT-Infrastruktur.
   b Personal: Identifikation und Einbindung der relevanten Stakeholder, wie der Prozessverantwortliche, der Revisions- und Compliance-Bereich, das IT-Sicherheitsmanagement. Vergleichbar mit der Integration sollten alle Beteiligten umfassend informiert und integriert werden, u. a. um Vorbehalten, Sorgen und Ängste abzubauen. Holen Sie sich falls notwendig beratende Unterstützung von außen.[94]

2. Auswahl geeigneter Prozesse: Im nächsten Schritt erfolgt die Auswahl der zu automatisierenden Prozesse oder eines Pilotprozesses.[95]

   a Minimalkriterien:

   i) Je standardisierter der Prozess, desto besser ist er geeignet.
   ii) Je regelbasierter der Prozesse, desto besser ist er geeignet.
   iii) Je häufiger der Prozess durchläuft, desto besser eignet er sich. Somit eignet sich ein Reportingprozess, der täglich durchläuft, deutlich mehr als einer, der jährlich durchläuft.

---

[91] Vgl. Langmann und Turi (2020, S. 1).
[92] Vgl. Langmann und Turi (2020, S. 2).
[93] Vgl. Langmann und Turi (2020, 16 ff.)
[94] Vgl. Wutzler (2021, S. 62).
[95] Vgl. Smeets et al. (2019, S. 65).

3 Erfolgsfaktoren der Digitalisierung von Controlling-Prozessen

iv) Das Vorliegen von elektronisch lesbaren Standarddatentypen im Prozess mit Formaten, wie CSV, XML, XLS, E-Mail oder Websites. Gedruckte Unterlagen, wie Rechnungen müssen erst gescannt und digitalisiert werden, damit Roboter sie verarbeiten können.

v) Je repetetiver der Prozess, desto besser. Zum Beispiel hat der Prozess Umsatzreport mit den Schritten „Zahlen aus System ziehen", „in Excel übertragen", „plausibilisieren" und „in PDF überführen" sehr repetetiv und somit geeignet.

b Zusatzkriterien:

i) Das Prozessvolumen sollte groß genug sein, sodass die Kapazitätseinsparung die Investitionskosten in RPA kompensiert.

ii) Software-Roboter eignen sich besonders für einfache und weniger komplexe Prozessabläufe. Für hoch komplexe mathematische Kalkulationen ist RPA zur Zeit weniger geeignet.

iii) Je weniger Ausnahmen es im Prozess gibt, desto besser. Denn für jede Ausnahme muss ein regelbasierte Handlungsanweisung hinterlegt werden, was die Entwicklungskosten erhöht und die Stabilität senkt.

3. Prozessdokumentation:

a Eine Dokumentation des betreffenden Prozesses bis auf die Ebene der Tastenanschläge/Klicks (Keystroke-Level) sollte vorliegen.

b Zur Dokumentation werden in der Regel Prozess-Ablauf-Diagramme verwendet, die die Verantwortlichkeiten und vorhandenen Dokumente aufzeigen.

4. Prozessanalyse und -optimierung:

a Prozessverständnis aller Beteiligten erhöhen.

b Prüfung und wiederholte Anwendung von Optimierungsmaßnahmen, wie Weglassen von Aktivitäten oder Änderung der Reihenfolge.

c Falls möglich, Komplexitätsreduktion und/oder Standardisierung.

d Falls möglich, Automatisierung einzelner Prozessschritte durch eine bestehende System-Applikation.

5. Prozessimplementierung und Robotisierung:

a Technische Implementierung (Entwicklung, Testing etc.) in bestehende Systeme oder in eine RPA-Lösung für den gesamten Prozess bzw. einzelne Prozessschritte.

b Fachliche Implementierung durch Dokumentation und Roll-Out des neuen Prozesses bei allen Beteiligten.[96]

Ihr Transfer in die Praxis

- Standardisieren Sie Ihre Prozesse im Datenmanagement mit dem Ziel eines konstanten Datenkonzeptes, fehlerfreien Stamm- und Bewegungsdaten und der transparenten Beschaffung, Speicherung und Auswertung von Daten.
- Welcher Ihrer Controlling-Prozesse hat das größte Standardisierungspotential? Wählen Sie einen Prozess mit sich wiederholenden Handlungsabläufen, geringer Komplexität, einem hohen Automatisierungsgrad und wenig Berührungspunkten mit externen Stakeholdern.
- Beachten Sie bei der Prozess-Standardisierung die Erfolgsfaktoren, wie Partizipation, Unternehmenskultur und Schulungen.
- Nutzen Sie für die Integration/Zentralisierung und der damit einhergehenden Einführung eines SSCs die Erfolgsfaktoren, wie die Unterstützung des Top-Managements, die frühzeitige Kommunikation des Wandlungsgedankens/die Ziele und die Realisierung von zeitnahen Implementierungserfolgen.
- Beachten Sie bei der Implementierung von RPA die Erfolgsfaktoren Projektstruktur, Prozessauswahl, Prozessdokumentation, Prozessanalyse & -optimierung sowie Prozessimplementierung & Robotisierung.

Literatur

Adelt, Marco, und Hans-Christian Stuff. 2008. Shared Service Center in der Assekuranz. *ZfV* 2008 (1):25–29.

Afflerbach, Patrick, Manuel Bolsinger, und Maximilian Röglinger. 2016. An economic decision model for determining the appropriate level of business

---

[96] Vgl. Langmann und Turi (2020, 16 ff.)

process standardization. In *Business Research* 9 (2):335–375. DOI: https://doi.org/10.1007/s40685-016-0035-6.

Bangemann, Tom Olavi. 2005. *Shared services in finance and accounting.* Aldershot u. a.: Gower.

Becker, Wolfgang, Katja Bluhm, Christian Kunz, und Benjamin Mayer. 2008. *Gestaltung von Shared Service Centern in internationalen Konzernen.* 158 Bände.

Becker, Wolfgang, Katja Bluhm, Christian Kunz, und Benjamin Mayer. 2009. *Shared Service Center. Konzeption und Implementierung in internationalen Konzernen.* Stuttgart: Kohlhammer.

Becker, Wolfgang, Patrick Ulrich, und Alexandra Fibitz. 2017. Kontextfaktoren der Controlling-Organisation. In Utz Schäffer und Jürgen Weber (Hg.): Controlling & Management Review Sonderheft 3–2016. 8–15, Wiesbaden: Springer Fachmedien Wiesbaden.

Brandner, Monika, und Verena Kurz. 2019. Standardisierung von Geschäftsprozessen am Beispiel Schockraum in Krankenhäusern. In *Handbuch Strategisches Krankenhausmanagement,* Hrsg. Jürgen Stierle,Helmut Siller, Manfred Fiedler und Sonja Ortner, S 633–648. Wiesbaden: Springer Fachmedien Wiesbaden.

Burr, Wolfgang, und Michael Stephan. 2006. *Dienstleistungsmanagement. Innovative Wertschöpfungskonzepte im Dienstleistungssektor.* Stuttgart: Kohlhammer.

Camin, Thorsten. 2018. Roboter im Shared Service Center. In *Controlling & Management Review* 62 (8):30–37. DOI: https://doi.org/10.1007/s12176-018-0068-0.

Egle, Ulrich, Imke Keimer. 2017. *Digitaler Wandel im Controlling. Schriften aus dem Institut für Finanzdienstleistungen Zug* (37), IFZ: Hochschule Luzern.

Eymers, Nadin, Kay Clausen, und Patrick Ficher. 2018a. Veränderung von Prozessen und Rollenbildern im Controlling am Beispiel der MAN Truck & Bus AG. In *Digitalisierung & Controlling. Technologien, Instrumente und Kompetenzen im Wandel,* Hrsg. Ronald Gleich und Martin Tschandl, Der Controlling-Berater, Bd 57:121–128. Freiburg [im Breisgau]: Haufe Group.

Eymers, Nadin, Jan Munck, und Fabian Kühne. 2018b. Das Experten-Interview zum Thema „Digitalisierung des Controllings". In *Digitalisierung & Controlling. Technologien,Instrumente und Kompetenzen im Wandel,* Hrsg. Ronald Gleich und Martin Tschandl. Der Controlling-Berater, Bd 57:15–26. Freiburg [im Breisgau]: Haufe Group.

Fischer, Thomas M., und Sven Sterzenbach. 2006. ZP-Stichwort: Shared Service Centers. In: *Zeitschrift für Planung & Unternehmenssteuerung* 17 (1):123–128. DOI: https://doi.org/10.1007/s00187-006-0161-y.

Fritze, Ann-Kathrin, Volker Küpper, Klaus Möller, und Andreas Reimann. 2013. Shared Services für Controlling-Prozesse – Umsetzungsstand und Gestaltungsfaktoren. In *CON* 25 (11):634–640. DOI: https://doi.org/10.15358/0935-0381_2013_11_634.

Gerig, Ivo. 2020. Standardisierung und Automatisierung als Basis für die Digitalisierung im Controlling von Siemens Building Technologies. In *Die Digitalisierung der Controlling-Funktion. Anwendungsbeispiele aus Theorie und Praxis*, Hrsg. Imke Keimer und Ulrich Egle, 211–236. Wiesbaden: Springer Gabler.

Gleich, Ronald. 2015. Moderne Controllingkonzepte. Zukünftige Anforderungen erkennen und integrieren. München: Haufe Lexware Verlag. Online verfügbar unter: http://gbv.eblib.com/patron/FullRecord.aspx?p=2097090.

Hall, Joseph, und Eric Johnson. 2009. When Should a Process Be Art, Not Science? In *HBR*. Online verfügbar unter: https://hbr.org/2009/03/when-should-a-process-be-art-not-science, zuletzt geprüft am 14.05.2021.

Hansmann, Holger, Michael Laske, und Redmer Luxem. 2012. Einführung der Prozesse – Prozess-Roll-out. In *Prozessmanagement*, Jörg Becker, Martin Kugeler und Michael Rosemann, 277–301. Berlin: Springer Berlin.

Harmon, Paul. 2010. The Scope and Evolution of Business Process Management. In *Introduction, methods, and information systems*, Hrsg. Jan vom Brocke und Michael Rosemann. (International handbooks on information systems, / Jan vom Brocke;Michael Rosemann, eds.; 1), 37–81. Heidelberg: Springer.

Heimel, Jana, und Michael Müller. 2019. Controlling 4.0. In *Management 4.0 – Unternehmensführung im digitalen Zeitalter*, Hrsg. Michael Erner, 389–430. Heidelberg: Springer.

Hermes, Heinz-Josef. 2005. *Outsourcing. Chancen und Risiken, Erfolgsfaktoren, rechtssichere Umsetzung*. 1. Aufl. Freiburg im Breisgau u. a.: Haufe (Haufe Praxisratgeber).

Hofstede, Geert, Gert Jan Hofstede, und Michael Minkov. 2010. *Cultures and organizations. Software of the mind; intercultural cooperation and its importance for survival*. Rev. and expanded 3. Aufl. New York: McGraw-Hill.

Işik, Öykü, Willem Mertens, und Joachim van den Bergh. 2013. Practices of knowledge intensive process management: quantitative insights. In: *Business Process Management Journal* 19 (3):515–534. DOI: https://doi.org/10.1108/14637151311319932.

Kajüter, Peter, Rolf Brühl, Thorben Finken, Martin Steuernagel, Stefan Troßbach, und Marcell Vollmer. 2017. Konstitutive Entscheidungen zur Vorbereitung der SSC-Implementierung. In *Erfolgreiche Führung von Shared Services*, Hrsg. Thomas M. Fischer und Marcell Vollmer, 25–59. Springer Fachmedien Wiesbaden.

Kappes, Michael, und Jörg Leyk. 2018. Digitale Planung. In *CON* 30 (6):4–12. DOI: https://doi.org/10.15358/0935-0381-2018-6-4.

Keimer, Imke, und Ulrich Egle. 2018. Die Treiber der Digitalisierung im Controlling. In: *CMR* 62 (4):62–67. DOI: https://doi.org/10.1007/s12176-018-0021-2.

Keimer, Imke und Ulrich Egle. 2020. Digital Controlling. Grundlagen für den erfolgreichen digitalen Wandel im Controlling. In *Die Digitalisierung der Controlling-Funktion. Anwendungsbeispiele aus Theorie und Praxis*, Hrsg. Imke Keimer und Ulrich Egle, 1–16. Wiesbaden: Springer Gabler.

Keimer, Imke, Markus Gisler, Marino Bundi, Ulrich Egle, Markus Zorn, Marwan Kosbah, und Andreas Bueel. 2018. *Wie digital ist das Schweizer Controlling? Eine schweizweite Analyse auf Basis eines Reifegradmodells*, 1–70.

Kettenbohrer, Janina, Daniel Beimborn, und Mirko Kloppenburg. 2013. Developing a Governance Model for Successful Business Process Standardization. In *Thirty-Fourth International Conference on Information Systems*, 1–11, Milan. 2013, S 1–11.

Kirchmann, Markus, Stefan Tobias, und Ceylan Cengizeroglu. 2016. Reporting 2025. Die Zukunft des Reporting im Zuge der Digitalisierung. In *Digital Controlling & Simple Finance. Die Zukunft der Unternehmenssteuerung*, Hrsg. Péter Horváth und Uwe Michel, 25–35, Stuttgart: Schäffer Poeschel.

Klingebiel, Norbert. 2019. Shared Services & Digitalisierung. In *Controlling & Innovation 2019: Digitalisierung (FOM-Edition, FOM Hochschule für Oekonomie & Management)*. Hrsg. Thomas Kümpel, Kay Schlenkrich und Thomas Heupel, 155–170.

Knauer, Thorsten, Nicole Nikiforow, und Sebastian Wagener. 2020. Bedeutung und Ausgestaltung von Robotic Process Automation (RPA) im Controlling. In *CON* 32 (4):68–75. DOI: https://doi.org/10.15358/0935-0381-2020-4-68.

KPMG AG Wirtschaftsprüfungsgesellschaft: Digital Finance. Ergebnisse einer empirischen Untersuchung zur Digitalisierung im Finanzbereich. Online verfügbar unter: https://fim-rc.de/wp-content/uploads/2020/02/kpmg_Digital-Finance-Studie.pdf, zuletzt geprüft am 29.05.2021.

Langmann, Christian, und Daniel Turi. 2020. *Robotic Process Automation (RPA) – Digitalisierung und Automatisierung von Prozessen. Voraussetzungen, Funktionsweise und Implementierung am Beispiel des Controllings und Rechnungswesens.* 1st ed. 2020. Wiesbaden: Springer Gabler.

Lee, Hau L., und Christopher S. Tang. 1997. Modelling the Costs and Benefits of Delayed Product Differentiation. In *Management Science* 43 (1):40–53. DOI: https://doi.org/10.1287/mnsc.43.1.40.

Mayer, Jörg, Christian Campagna, Peter Chamoni, Karlheinz Hornung, MatthiasKuhnert, und Reiner Quick. 2017. Die Buchhaltung macht der Roboter. In: *Frankfurter Allgemeine Zeitung* (95):18.

Muenstermann, Bjoern, und Andreas Eckhardt. 2009. What drives business process standardization? A case study approach. In *CONF-IRM 2009 Proceedings*, S 1–17. Online verfügbar unter https://aisel.aisnet.org/confirm2009/38.

Münstermann, Björn, und Tim Weitzel. 2008. What is process standardization? In *Proceedings of the International Conference on Information Resources Management,* Hrsg. CONFIRM 2008. S 1–17.

Nasca, Deborah, Jan Christoph Munck, und Ronald Gleich. 2018a. Controlling-Hauptprozess: Einfluss der digitalen Transformation. In *Digitalisierung & Controlling. Technologien, Instrumente, Praxisbeispiele,* Hrsg. Ronald Gleich und Martin Tschandl. 1. Aufl. 73–88, Freiburg [im Breisgau]: Haufe.

Nasca, Deborah, Jan Christoph Munck, Andreas Wald, Ronald Gleich. 2018b. Wie die digitale Transformation zum Erfolgsfaktor der „Modernen Budgetierung" wird – Ergebnisse einer empirischen Studie und Best-Practice-Beispiele. In *CON* 30 (6):37–46. DOI: https://doi.org/10.15358/0935-0381-2018-6-37.

Pabinger, Daniel, und Stefan Mayr. 2019. Controlling und Business Intelligence & Analytics. In *Controlling – Aktuelle Entwicklungen und Herausforderungen. Digitalisierung, Nachhaltigkeit und Spezialaspekte.* Hrsg. Birgit Feldbauer-Durstmüller und Stefan Mayr, 83–106, Wiesbaden: Springer.

Ploier, Dietmar, und Stefan Mayr. 2019. Digitalisierung im Rechnungswesen und Controlling – praktische Aspekte der Steuer- und Unternehmensberatung. In *Controlling – Aktuelle Entwicklungen und Herausforderungen. Digitalisierung, Nachhaltigkeit und Spezialaspekte.* Hrsg. Birgit Feldbauer-Durstmüller und Stefan Mayr, 183–206. Wiesbaden: Springer.

Rau, Thilo, Stefanie Buck, und Caroline Butschal. 2012. Effizienzsteigerung durch Prozess-Controlling im Shared Service Center. In *Controlling & Management* 56 (3):63–68. DOI: https://doi.org/10.1365/s12176-012-0645-6.

Reimann, Andreas, und Klaus Möller, Klaus. 2015. Service Management in der Shared Service Organisation. Ergebnis einer empirischen Untersuchung zum Reifegrad von Shared Service Organisationen. Online verfügbar unter https://assets.kpmg/content/dam/kpmg/pdf/2015/11/151126_kpmg_sso_studie_sec.pdf, zuletzt geprüft am 22.05.2021.

Schafermeyer, Markus, Daniel Grgecic, und Christoph Rosenkranz. 2010. Factors Influencing Business Process Standardization: A Multiple Case Study. In 2010 43rd Hawaii International Conference on System Sciences. 2010 43rd Hawaii International Conference on System Sciences. Honolulu, Hawaii, USA, 05.01.2010 – 08.01.2010: IEEE, S 1–10.

Schäfermeyer, Markus, Christoph Rosenkranz, und Roland Holten. 2012. Der Einfluss der Komplexität auf die Standardisierung von Geschäftsprozessen. In *WIRTSCHAFTSINFORMATIK* 54 (5):251–261. DOI: https://doi.org/10.1007/s11576-012-0329-z.

Schäffer, Utz, und Jürgen Weber. 2018. Lean Controlling. Wo stehen wir? In *CMR* 62 (8):16–23. DOI: https://doi.org/10.1007/s12176-018-0063-5.

Scheppler, Björn, und Christian Weber. 2020. Robotic Process Automation. In *Informatik Spektrum* 43 (2):152–156. DOI: https://doi.org/10.1007/s00287-020-01263-6.

Scheu, Andreas M. (Hrsg.) 2018. Auswertung qualitativer Daten. Strategien, Verfahren und Methoden der Interpretation nicht-standardisierter Daten in der Kommunikationswissenschaft. Wiesbaden: Springer.

Schmuck, Verena, und Nicolai Andersen. 2012. Effizienzsteigerung durch Standardisierung und Harmonisierung im Beteiligungscontrolling. In *CON* 24 (3):159–164. DOI: https://doi.org/10.15358/0935-0381-2012-3-159.

Siha, Samia M., und Germaine H. Saad. 2008. Business process improvement: empirical assessment and extensions. In *Business Process Management Journal* 14 (6):778–802. DOI: https://doi.org/10.1108/14637150810915973.

Smeets, Mario, Ralph Erhard, und Thomas Kaußler. 2019. Robotic Process Automation (RPA) in der Finanzwirtschaft. Technologie – Implementierung – Erfolgsfaktoren für Entscheider und Anwender. 1st ed. 2019.

Tregear, Roger. 2015. Business Process Standardization. In *Handbook on Business ProcessManagement 2.*, Hrsg. Jan vomBrocke und Michael Rosemann, 421–441, Berlin: Springer.

Ungan, Mustafa C. 2006. Standardization through process documentation. In *Business Process Management Journal* 12 (2):135–148. DOI: https://doi.org/10.1108/14637150610657495.

Vries, M. de, A.van der Merwe, und P. Kotze, A. Gerber. 2011. A method for identifying process reuse opportunities to enhance the operating model. In 2011 IEEE International Conference on Industrial Engineering and Engineering Management. 2011 IEEE International Conference on Industrial Engineering and Engineering Management (IEEM). Singapore, Singapore, 06.12.2011 – 09.12.2011: IEEE, S 1005–1009.

Weber, Jürgen, Pascal Nevries, Christian Broser, Andreas Linnenlücke, und ErikStrauß. 2008. Zentrales und dezentrales Controlling. Herausforderungen der täglichen Zusammenarbeit. 1. Aufl. Weinheim: Wiley-VCH (Advanced Controlling, 65). Online verfügbar unter http://deposit.d-nb.de/cgi-bin/dokserv?id=3089713&prov=M&dok_var=1&dok_ext=htm.

Wißkirchen, Frank, und Helga Mertens. 1999. Der Shared Services Ansatz als neue Organisationsform von Geschäftsbereichsorganisationen. In *Outsourcing-Projekte erfolgreich realisieren,* Hrsg. Frank Wißkirchen, 79–111. Stuttgart: Schäffer Poeschel.

Wolf, Tanja, und Melanie Heidlmayer. 2019. Die Auswirkungen der Digitalisierung auf die Rolle des Controllers. In *Controlling – Aktuelle Entwicklungen undHerausforderungen. Digitalisierung, Nachhaltigkeit und Spezialaspekte,* Hrsg. Birgit Feldbauer-Durstmüllerund Stefan Mayr, 21–48. Wiesbaden: Springer.

Wüllenweber, Kim, Daniel Beimborn, Tim Weitzel, und Wolfgang König. 2008. The impact of process standardization on business process outsourcing success. In *Information Systems Frontiers* 10 (2):211–224. DOI: https://doi.org/10.1007/s10796-008-9063-x.

Wurm, Bastian, und Jan Mendling. 2020. A Theoretical Model for Business Process Standardization. In *Business Process Management Forum,* Hrsg. Dirk Fahland, Chiara Ghidini, Jörg Becker und Marlon Dumas, 392:281–296. Cham: Springer International Publishing (Lecture Notes in Business Information Processing).

Wutzler, Juliane. 2021. Die vier Pfeiler effizienter Controlling-Prozesse. *Controlling & Management Review* 65 (2):62–67. DOI: https://doi.org/10.1007/s12176-020-0357-2.

4

Zusammenfassung und Ausblick

> **Was Sie aus diesem Kapitel mitnehmen**
>
> - Die drei von der Digitalisierung am stärksten betroffenen Controlling-Prozesse
> - Wie Sie die Digitalisierung in den Controlling-Prozessen umsetzen
> - Welche Erfolgsfaktoren Sie bei der Umsetzung nutzen sollten

Der Quick Guide „Digital Controlling" hat, aufgrund des aktuell lückenhaften Digitalisierungsgrades in Controlling-Prozessen, den genauen Digitalisierungsgrad und die von der Digitalisierung am meisten betroffenen Controlling-Prozesse ermittelt. Für eine erleichterte Vorstellung der Umsetzung in der Unternehmenspraxis wurde die Digitalisierung in den ausgewählten Prozessen sowohl in einem Überblick als auch in detaillierter Darstellung gemäß der Controlling-Prozessschritte dargestellt. Was es bei der Umsetzung zu beachten gilt, wurde anhand einer Clusteranalyse von 61 einschlägigen Studien untersucht.

Es stellte sich heraus, dass der **Digitalisierungsgrad** der Unternehmen im deutschsprachigen Raum nach zwei Fragebogenstudien mit zusammengerechnet 361 Teilnehmern mehrheitlich **als ungenügend eingestuft** wurde. In diesem Zusammenhang wurde untersucht, welche Controlling-Prozesse besonders von der Digitalisierung betroffen sind. Dazu zählen das **Datenmanagement,** das **Management Reporting** sowie die **Planung,** die **Budgetierung** und der **Forecast.**

Anschließend wurden Möglichkeiten aufgezeigt, wie sich die Digitalisierung in den ausgewählten Prozessen umsetzen lässt. Es zeigte sich, dass das **Datenmanagement** im Unternehmen **durch Big Data** enorm **an Bedeutung gewinnt.** Die meist genutzte Datenquelle ist das **ERP-System.** Bei der Datenhaltung spielen **Datenclouds** eine zunehmend große Rolle. Bereits fast die Hälfte der Unternehmensdaten werden heutzutage in der Cloud gespeichert. Die **Datenqualität** ist jedoch häufig noch unzureichend.

Im Rahmen der Digitalisierung kann sich die Controller-Organisation in ihrer Rolle als Business-Partner im Unternehmen etablieren. Die Voraussetzung dafür ist, dass die Controller ihr Knowhow zum Thema Digitalisierung auf- bzw. ausbauen.

Der Personalaufwand im **Management Reporting** ist meist noch sehr hoch. Zur Automatisierung eignet sich die **Robotic Process Automation.** Berichte in **Echtzeit** und die damit einhergehende Verbesserung in Frühwarnsystemen werden durch **Machine Learning** ermöglicht.

In der **Planung** zeigt sich der Mehrwert der Digitalisierung in einer **dynamischeren Steuerung,** einem **genaueren Forecast** und einer **höheren Prozesseffizienz.** Die **Budgetierung** hat in Bezug auf die Digitalisierung einen hohen Nachholbedarf, der sich zukünftig in der vermehrten Verwendung von **Business Analytics** zeigen wird. Der **digitale Forecast** bewirkt einen verringerten **Personalbedarf** und ist **objektiver,** also weniger beeinflusst von der Unternehmenspolitik.

Zur Erleichterung der Umsetzung im Unternehmenskontext ermittelt der Quick Guide die **Erfolgsfaktoren** in der **Umsetzung der Digitalisierung** anhand einer **Clusteranalyse** von 61 einschlägigen Studien. Die meist genannten Erfolgsfaktoren sind **Automatisierung (17 %), Integration/Zentralisierung (13 %)** und **Standardisierung (12 %).** Die weiterführende Untersuchung der Erfolgsfaktoren in Bezug auf deren Voraussetzungen, Umsetzung und Wirkung soll dem Leser

4 Zusammenfassung und Ausblick

die Umsetzung im eigenen Unternehmen erleichtern. Es zeigt sich, dass sich die Standardisierung, die Integration/Zentralisierung und Automatisierung **gegenseitig stark beeinflussen** und sehr **technologiegetrieben** sind. Zu guter Letzt wird aufgezeigt wie die **Erfolgsfaktoren Automatisierung, Integration/Zentralisierung und Standardisierung** im Unternehmen **umgesetzt** werden können.

Daraus entwickelt sich nun die Fragestellung für Folgeuntersuchungen, ob und wie stark die Umsetzung durch die genannten Aspekte erleichtert wird. In weiteren Studien könnte untersucht werden, inwiefern die Umsetzung der ausgearbeiteten Aspekte den Digitalisierungsgrad, im Vergleich mit anderen Unternehmen, verbessert. Die Studienergebnisse könnten genutzt werden, um Unternehmen mehr überzeugende Argumente für die Digitalisierung der Controlling-Prozesse zu liefern. Die Digitalisierung wird das Controlling grundlegend verändern,[1] sodass der Digitalisierungsgrad der Controlling-Prozesse einen beachtenswerten Beitrag zum Unternehmenserfolg leisten kann.

> **Beispiel**
>
> Ihr Transfer in die Praxis
> - Starten Sie die lohnenswerte Digitalisierung mit den am stärksten betroffenen Controlling-Prozessen Datenmanagement, Management Reporting sowie Planung, Budgetierung und Forecast.
> - Prüfen Sie inwiefern Sie das Datenmanagement durch Big Data ausbauen können.
> - Lässt sich der häufig hohe Personalaufwand im Management Reporting durch RPA senken?
> - Wie digitalisieren Sie die Planung, die Budgetierung und den Forecast?
> - Nutzen Sie die Erfolgsfaktoren Standardisierung, Integration/Zentralisierung und Automatisierung.

---

[1] Vgl. Klingebiel (2019, S. 164).

Literatur

Klingebiel, Norbert. (2019). Shared services & digitalisierung. In *Controlling & Innovation 2019: Digitalisierung* (FOM-Edition, FOM Hochschule für Oekonomie & Management), Hrsg. Thomas Kümpel, Kay Schlenkrich, und Thomas Heupel, 155–170. Wiesbaden: Springer Fachmedien.

Anhang

Anhang I: Vorzeigebeispiele für ein Datenqualitätsmanagement

Unternehmen Nr. 1: Allianz SE, Data Governance und Datenqualitätsmanagement in der Versicherungswirtschaft

Software	AGCS nutzt eine DataFlux-Softwarelösung des Unternehmens SAS
Erkenntnis	Datenqualitätsüberwachung und Data Governance setzen klaren Rollen und Verantwortlichkeiten voraus

Unternehmen Nr. 2: Bayer AG/Bayer CropScience AG, Datenqualitätscontrolling in der agrochemischen Industrie

Software	Das Data Quality Cockpit unterstützt die kontinuierliche Messung und Überwachung der Datenqualität. Zur Validierung der Geschäftsregeln und Bereitstellung der Ergebnisse wurde die Softwarelösung IBM Information Server und das Tool Data Stage eingeführt. Die Datensätze und die Ergebnisse werden in einer Oracle Datenbank gespeichert
Erkenntnisse	• Datenqualität ist eine Voraussetzung für die Finanz- und Produktionsplanung, sollte regelmäßig gemessen werden • Datenqualitätsmanagement muss über die Data-Governance-Rollen im Unternehmen verankert werden • Datenqualität muss ein Bestandteil der Zielvereinbarung mit Mitarbeitenden sein

Unternehmen Nr. 3: Festo AG & Co. KG, unternehmensweites Produktdatenmanagement in der Automatisierungstechnik

Software — Das zentralisierte Produktdatenmanagement nutzt zwei Systeme: Das SAP-ERP-System „P15" zur Verwaltung der Produktdaten und das Softwareprodukt PTC Windchill zur Verwaltung von Dokumentationen zu den Produkten

Erkenntnisse — Es ist wichtig, dass alle Hierarchieebenen die Absicht ein „globales Optimum" in den Geschäftsprozessen verstehen, akzeptieren und unterstützen. Z. B. SAP als weltweit gemeinsames Informationssystem zu nutzen

Unternehmen Nr. 4: Hilti AG, Durchgängiges Kundendatenmanagement in der Werkzeug- und Befestigungsindustrie

Software — Für das Datenqualitätsmonitoring entwickelte die interne IT-Abteilung ein eigenes Tool, das „Data Quality Tracking Tool". Microsoft Access berechnet monatlich die Datenqualität. Außendienstmitarbeitende können über eine Smartphone-App, die auch von Hilti entwickelt wurde, Daten unmittelbar beim Kunden zu erfassen und zu korrigieren. Da die App mit dem ERP und CRM-System verbunden ist, sind Datenkonsistenz und -aktualität gewährleistet

Erkenntnisse
- Kundendatenqualität ist eine Voraussetzung für direkte Vertriebsmodelle.
- Kundendatenqualität kann am besten an der Quelle, also beim Vertriebsmitarbeitenden, gesichert werden.
- Akzeptanz für Datenqualitätsprozesse steigt durch Closed-Loop-Ansätze, bei denen Vertriebsmitarbeiter direkt von ihren Datenqualitätsverbesserungen profitieren.
- Datenqualitätsmessungen zeigen den Handlungsbedarf und dokumentieren Datenqualitätsverbesserungen.

Unternehmen Nr. 5: Johnson & Johnson AG, Institutionalisierung des Datenmanagements in der Konsumgüterindustrie

Software — Die Datenquelle des zentralen Dateninformationssystems ist ein SAP-ERP-System, das unternehmensweit genutzt wird. Das interne Data Team entwickelte weitere Informationssysteme, um die benötigte Datenqualität bei Anlage und Pflege der Datensätze sicherzustellen. Die verwendeten Systeme basieren auf der Cran-Soft-Plattform von BackOffice Associates. Als zentrales Anwendungssystem wird das Workflow-Management-System cMat verwendet

Erkenntnisse	• Da sich Qualitätsprobleme von Material- und Produktdaten in allen Geschäftsprozessen niederschlägt, müssen Anforderungen an die Datenqualität vom gesamten Produktlebenszyklus abgeleitet werden • Die Verbesserung der Datenqualität erfordert eine organisatorische Verankerung des Datenqualitätsmanagements
Unternehmen Nr. 6: Lanxess AG, BI und Stammdatenmanagement bei einem Spezialchemiehersteller	
Software	Herzstück der Datenarchitektur ist das Datensystem basierend auf SAP MDM
Erkenntnisse	In-Memory Computing-Technologie kann dazu eingesetzt werden, komplexe Simulationen mit großen Datenmengen durchzuführen und ein für Endnutzer flexibles Berichtswesen zu etablieren

Quelle: Otto und Österle (2016, S. 45)

Anhang II: RPA Anbieter

RPA Anbieter	UiPath	Blue Prism	Automation Anywhere
Hauptsitz	New York (US)	Warrington (UK)	San Jose (US)
Gründungsjahr	2005	2001	2003
Bedienung	Drag&Drop-Funktionalitäten, Workflow-orientierte Oberfläche	Drag&Drop-Funktionalitäten, Workflow-orientierte Oberfläche	Drag&Drop-Funktionalitäten, Technik-orientierte Oberfläche
(Desktop) Recording	Ja	Nein	Ja
Testversion	60 Tage Testversion + kostenlose Community Edition für kleine Unternehmen, Entwickler und Studenten	30 Tage Testversion + kostenlose Learning Edition für Aus- und Fortbildung	30 Tage Testversion + Kostenlose Community Edition für kleine Unternehmen, Entwickler und Studenten
Training	UiPath Academy – Online Training und Zertifikatsprogramme erhältlich	Blue Prism University – Online Trainings und Zertifikatsprogramm erhältlich	Automation Anywhere University – Online Trainings und Zertifikatsprogramm erhältlich
Referenzen (Beispiele)	Arvato Bertelsmann, Linde, BASF, Siemens, GE	O2, Siemens, Lufthansa, Fujitsu etc.	Siemens, Lilly, Symatec, Bouygues etc.

Quelle: Eigene Darstellung in Anlehnung an Langmann und Turi (2020, S. 35)

Anhang III: Studien mit relevanten Textstellen für die Clusteranalyse

Studien-nummern	Relevanten Textstellen; die für das Clustern direkt verwendeten Textstellen sind fett markiert
1[1]	„Based on a survey among German companies, we find, as predicted, that the sophistication of the data infrastructure is positively associated with the use of business analytics in the budgeting process. Further, the more a company emphasizes the planning function, the greater the extent to which business analytics is **used in the budgeting process**…Finally, we find that the use of business analytics is positively associated with satisfaction with the budgeting process."
2[2]	„**Die Standardisierung und Automatisierung von Controlling-Prozessen schafft für den Controller Freiräume, um sich mit tiefergehenden Analysen zu beschäftigen und sich auf die Interpretation und Kommunikation der Ergebnisse zu konzentrieren.** Des Weiteren kann durch die Automatisierung der Controlling-Prozesse und Controlling-Aktivitäten die **Fehlerquote reduziert, die Effizienz gesteigert und die Geschwindigkeit erhöht werden.**"

---

[1] vgl. Bergmann et al. (2020, S. 25).
[2] vgl. Keimer und Egle (2020, S. 10).

Studien-nummern	Relevanten Textstellen; die für das Clustern direkt verwendeten Textstellen sind fett markiert
3[3]	„Smart Reporting: Eine **Standardisierung** der Kommunikation wurde jedoch nur teilweise erreicht, da die hohe Flexibilität bei der Aufbereitung in Excel zu individuellen Darstellungen führte und es sogar regelmäßig vorkam, dass zentral gemeldete Daten, insbesondere Forecast-Werte, kurzfristig durch inzwischen bekannt gewordene Veränderungen überschrieben wurden. Dies führte oft in den jeweiligen Management Meetings zu großen Diskussionen und Irritationen bei der Interpretation der Finanzzahlen. **Deshalb wurde ein Standardtemplate mit einer Kommentierungsmöglichkeit für die wesentlichen KPIs der Division und der BUs pro Land über Excel/Word eingeführt und in einem mit Zugriffsrechten versehenen Dokumentenverwaltungssystem abgelegt.** Dieses Vorgehen unterstützte zwar den systematischen Informationsaustausch, war jedoch in der Handhabung sehr aufwendig und der Zugang zu den Berichten nach wie vor limitiert. Insbesondere mussten viele Länder zusätzliche Kommentierungen in unterschiedlichen Formaten für ihre Landesleitung abgeben, was zu Doppelarbeit und der damit verbundenen Frustration führte. Im ersten Schritt der Prozess- und Tooloptimierung in der BT ging es deshalb darum, die standardisierte Zahlenbasis aus der Konzernrechnungslegung möglichst effizient und in einer nutzerfreundlichen Form bereitzustellen, ohne die hohe Qualität der Daten negativ zu beeinflussen." „Aufbau von Smart Reporting: Die Zielsetzung war es, basierend auf den ESPRIT-Daten ein einfach zu bedienendes und intuitives Management Frontend zu entwickeln, das einen zeitnahen und zuverlässigen Zugriff auf Finanzinformationen ermöglicht. Dazu sollte eine flexible Kommentierung von selektiven KPIs über alle Ebenen möglich gemacht werden. Auch ein Name war schnell gefunden – Smart Reporting sollte die managementtaugliche Applikation heißen."…„**Die Einführung der Anwendung Smart Reporting stellt den ersten großen Standardisierungs- und Automatisierungsschritt in der Management Berichterstattung dar.**"

---

[3]vgl. Gerig (2020, S. 215).

Studien- nummern	Relevanten Textstellen; die für das Clustern direkt verwendeten Text- stellen sind fett markiert
	„Erfolgsfaktoren: • **Management Akzeptanz:** Smart Reporting wurde sehr schnell als Standard in den zentralen Einheiten und vor allem in den Ländern akzeptiert. Insbesondere wurde die einfache und intuitive Handhabung von den Anwendern sehr geschätzt. Kommentierungs-Funktionalität: Die Möglichkeit zur Kommentierung von Sondereinflüssen der aktuellen Berichtsperiode oder Forecast förderte, dass das Smart Reporting für den Informationsaustausch systematisch genutzt wird. Die Qualität der Kommentierung ist stark von der Feedback-Kultur abhängig. Konstruktive Kritik mit Verbesserungsvorschlägen wird meist gut aufgenommen. Es ist jedoch ebenso wichtig positive Rückmeldungen zu geben – Motivation ist ein wichtiger Schlüssel zum Erfolg. • Esprit als Basis für die Führungskennzahlen: Anfänglich hatte ESPRIT mehrheitlich den Fokus auf die Sicherstellung der externen Berichterstattung. Dies zeigte sich hauptsächlich bei Umorganisationen, die meist nur auf globaler Stufe vergleichbar gerechnet werden konnten. Mit der Einführung von Smart Reporting erhöhte sich der Druck auf die Finanzabteilung, Vergleichbarkeitsrechnungen, also die Umrechnung vergangener Geschäftsperioden in eine neue Organisationsstruktur, auch auf der untersten Reporting-Ebene durchzuführen und somit eine Common Language auf allen Reporting Ebenen sicherzustellen. Smart Analytics: Mit der Einführung der Anwendung Smart Analytics wurden die Standardisierungs- und Automatisierungsbestrebungen von der Management-Berichterstattung auf die Analyse von Finanzkennzahlen ausgeweitet • **Fachkompetenz** im Projektteam: Fachexperten aus allen Divisionen sowie aus der zentralen Finanz- und IT-Abteilung von Anfang an als Team zusammen, was Smart Analytics zu einem gemeinsamen Tool machte. • Akzeptanz im Controlling: Durch die frühzeitige **Einbindung der Divisionen** konnten die wesentlichen Bedürfnisse aller Beteiligten abgedeckt werden. Standardisierung heißt jedoch auch Kompromisse in der Flexibilität – dies bleibt eine Herausforderung auch im Regelbetrieb. • Best Practice Sharing: Durch die Einführung des Demand Boards und dem damit verbundenen regelmäßigen Austausch der Controlling-Mitarbeitende entstand zusätzlich eine Plattform für Best Practice Sharing. Predictive Analytics-Lösungen: • Enge Zusammenarbeit und regelmäßiger Austausch zwischen SAP Key User und BT Business-Experten sowie CFA Data Analytics.

Studien-nummern	Relevanten Textstellen; die für das Cluster direkt verwendeten Textstellen sind fett markiert
	• Standardisierte Prozesse im SAP-System mit nur geringfügigen manuellen Eingriffen am Geschäftsjahresende. • Zeit zum Experimentieren. Der Projektplan berücksichtigte genügend Zeit für das Experimentieren mit verschiedenen Algorithmen sowie für den regelmäßigen Austausch mit den Geschäftsvertretern, um auftretende Fragen zu klären."
4[4]	„Zweck und Vorteile neuer Lösungen oder Methoden müssen deutlich **kommuniziert** werden, und es muss allen Beteiligten klar sein, welche Prozessschritte und -inhalte sich wandeln werden. Gerade bei der Einführung neuer Ansätze wie der **treiberbasierten** Planung oder Predictive Forecasts verändern sich erfahrungsgemäß der Detailgrad von zur Verfügung stehenden Informationen oder die absolute Nachvollziehbarkeit von Prognosen. Es empfiehlt sich daher, eindeutig festzuhalten, wie potenzielle Abweichungen im Zahlenwerk bewertet und diskutiert werden, welche (detaillierten) Rückfragen durch das Management in Budgetdurchsprachen erlaubt sind – und auf welche zukünftig verzichtet werden muss."
5[5]	„Welche Ansatzpunkte empfehlen Sie Unternehmen generell, wenn diese ihre Prozesse digitalisieren wollen?" „Kühne: Für die Digitalisierung ist es wichtig einen **möglichst hohen Grad an Standardisierung** zu erreichen. **Alles was standardisiert ist, lässt sich besser digitalisieren bzw. automatisieren.** Ebenfalls bewährt hat sich eine Trennung der Daten und der Datenvisualisierungsschicht. Und wenn man das Controlling zu einem sog. Field Self-Service Controlling weiterentwickelt. Das bedeutet, dass ein funktioneller Datenpool zur Verfügung gestellt wird, auf dem selbstständig Abfragen durchgeführt werden können. Durch die Konsistenz und die Zusammensetzung des Datenpools können dem Anwender direkt und schnell repräsentative Ergebnisse geliefert werden." „Das Auslagern des Berichtswesens oder großer Teile davon wird unter dem Stichwort „Reporting Factory" erörtert. Durch die Bündelung repetitiver Tätigkeiten sollen Effizienzsteigerungen realisiert werden. Welche Erfahrungen haben Sie mit Reporting Factories gemacht?"

---

[4] Vgl. Grund et al. (2020, S. 22).
[5] Vgl. Eymers et al. (2018b, S. 20).

Anhang 111

Studien-nummern	Relevanten Textstellen; die für das Clustern direkt verwendeten Textstellen sind fett markiert
	„Kühne: Wir Untersuchungen in verschiedenen Bereichen mit **Shared Services** zusammen, um **Effizienzsteigerungen generieren zu können**. Mit **Reporting Factories** haben wir bei standardisierten Tätigkeiten sehr gute Erfahrungen gemacht. Ist der Prozess gut dokumentiert, kann eine Reporting Factory einen wirklichen Effizienzgewinn bringen. Bei einmaligen Prozessen, stark spezifischen Prozessen oder Prozessen, bei denen ein hoher Grad von Entscheidung nötig ist, wäre eine Reporting Factory eher ungeeignet. Besonders gut geeignet sind beispielsweise Prozesse zur Erstellung von Monats- und Quartalsberichten oder auch automatisierte Auswertungen über Deckungsbeiträge, Abrechnungen, Entwicklungen und Zeitreihen. Ad-hoc-Anfragen funktionieren in der Regel nicht gut, da sich bei der Erstellung der Anfrage oft verschiedene Sekundärfragen ergeben, dessen Beantwortung viel Zeit in Anspruch nimmt und sich dadurch die Berichtserstellung in die Länge zieht." „Eine weitere spannende Entwicklung ist auch das sog. „Self-Controlling". In einer Zeit, in der wir alles schneller und präziser haben wollen, spricht vieles dafür, dass sich der Entscheider seine Daten direkt im System anschauen kann. Er ist zeitlich unabhängig und kann die Daten nach individuellen Bedürfnissen aufbereiten. Haben Sie das Self-Controlling bereits integriert? Wenn nein: Was spricht dagegen?" „Kühne: Dadurch, dass bei uns viele Ad-hoc-Anfragen kommen, spielt das Self-Controlling für meinen Verantwortungsbereich bisher keine bedeutende Rolle. Durch das Self-Controlling sind in den Unternehmen viele Insellösungen geschaffen worden. Diese Insellösungen bedeuten allerdings einen deutlich höheren Aufwand in der Wartung, in der Aufbereitung und in der Weiterentwicklung. Wenn für Standard-Anfragen eine einheitliche System- und PI-Landschaft geschaffen wird, ist das Ermöglichen eines automatisierten Controllings oder eines Self-Controllings deutlich einfacher. Aus meiner Sicht haben die Unternehmen, die ich kenne, noch keine optimale Ausprägung dafür gefunden. Aspekte, die gegen das Self-Controlling sprechen sind wie bereits erwähnt die vielen Ad-hoc-Anfragen sowie die häufige Nicht-Verfügbarkeit von Daten. Das bedeutet, dass die benötigten Daten nicht in der Qualität vorliegen, wie man sie zur Weiterverarbeitung brauchen würde, sondern diese erst einmal aufbereitet werden müssten. Wenn man beispielsweise aus drei oder vier Systemen ein Datum in vier verschiedenen Ausprägungen erhält, das zu einer definierten Zielgröße gehören soll, stellt sich unweigerlich die Frage, welche der Alternativen die Richtige ist. Wenn diese Frage nicht klar beantwortet werden kann, sind die Ergebnisse willkürlich und damit lässt sich ein Unternehmen nicht erfolgreich steuern."

Studien-nummern	Relevanten Textstellen; die für das Clustern direkt verwendeten Textstellen sind fett markiert
6[6]	„Zudem sind konkrete **Prozesse** und Einsatzbereiche zu **identifizieren**, in denen die Roboter im Unternehmen sinnvoll eingesetzt werden können. Ferner erweisen sich eine **Standardisierung** der Prozesse im Vorfeld sowie die Erprobung der Technologie im Rahmen von **Pilotprojekten** als hilfreich."
7[7]	„Vielmehr müssen Controller bei der Analyse der Daten mit den Data Scientists eng zusammenarbeiten und sich grundlegende **Statistikkenntnisse** aneignen."…„**Dies kann aber nur gelingen, wenn Controller den Anforderungen der aktuellen IT-Trends an ihre technischen und methodischen Fähigkeiten gerecht werden.**"
8[8]	„Die wichtigsten Veränderungswirkungen von **SSC** gehen gegenwärtig von der Digitalisierung aus. Die zentrale Ursache dafür, dass diese Entwicklung in den Unterstützungsfunktionen vieler Unternehmen nur unzureichend umgesetzt wird, sind fragmentierte Prozesse, die in komplexen IT-Landschaften zementiert sind (Lueg 2017, S. 2). Eine **Zentralisierung** und damit Bündelung derartiger Prozesse in SSC ermöglicht **Standardisierungs-und Optimierungspotenzial** als wichtige Basis für die spätere wirtschaftliche **Automatisierung der Prozesse**. Diese Veränderungen können auf drei Ebenen erreicht werden und umfassen hierbei die Anpassung der Enterprise-Resource-Planning (ERP)-Systeme, die Einführung von Business-Process-Management (BPM) sowie der Robotic-Process-Automation (RPA). RPA steht für die Automatisierung von manuellen Prozessen auf Basis einer Kombination aus Prozessautomatisierungssoftware und künstlicher Intelligenz und wird voraussichtlich einen erheblichen Einfluss auf die zukünftige Entwicklung von SSC haben. Zwar haben nach McKinsey erst 22 % der SSC Kapazitäten im Bereich der Automatisierung und Digitalisierung aufgebaut, jedoch ist der Trend deutlich steigend (Chandok et al. 2016)."

---

[6]Vgl. Knauer et al. (2020, S. 68).
[7]Vgl. Kajüter et al. (2019, S. 150).
[8]Vgl. Klingebiel (2019, S. 166).

Anhang 113

Studien-nummern	Relevanten Textstellen; die für das Clustern direkt verwendeten Textstellen sind fett markiert
9[9]	„Das Management von SSC ist gefordert, die Ausrichtung und Steuerung der Center an vorgezeichneten Veränderungen zu orientieren. Transaktionsbasierte bzw. datenbasierte Prozesse können – sofern sie zukünftig überhaupt noch zum Leistungsspektrum von SSC gehören – weitgehend automatisiert ausgeführt werden. Deutliche Veränderungen sind gleichfalls bei expertenbasierten Prozessen möglich, da aufgrund einer Verbesserung der Leistungsfähigkeit künstlicher Intelligenz eine intensivierte Automatisierung zu erwarten ist. Für die zukünftige Steuerung von SSC ergeben sich hieraus neue Anforderungen bei der Auswahl von aussagekräftigen Steuerungskennzahlen. So werden Kennzahlen der IT-Qualität (z. B. Serververfügbarkeit) bedeutsamer; parallel ermöglichen verbesserte Echtzeitauswertungen von Kosten- und Qualitätsdaten kurzfristige Reaktionen bei festgestellten Abweichungen und genauere Prognoserechnungen (Fischer und Hirsch 2017, S. 216)." „Die mit dem Prozess der Finanzberichterstattung betrauten Personen sind daher gut beraten, die Entwicklung im Auge zu behalten. Wie auch in anderen Bereichen der Digitalisierung in den letzten 20 Jahren könnte sich ein Zitat von Bill Gates wieder einmal bewahrheiten: „We always overestimate the change that will occur in the next two years and underestimate the change that will occur in the next ten. Don't let yourself be lulled into inaction." (Gates 1996)."
10[10]	„Deshalb muss der Controller sich an strategische und auch operative Ungewissheit gewöhnen, da durch die umwälzenden Entwicklungen und Neuerungen, die die Digitalisierung mit sich bringt, etablierte Geschäftsmodelle angezweifelt werden und neue, digitale Gegenentwürfe in Konkurrenz zueinanderstehen. Mit anderen Worten: die Planbarkeit des Geschäfts wird sich zunehmend verringern. **Das erfordert einen Kultur-/Mindset-Wandel seitens der Controller.**"

---

[9]Vgl. Leibfried und Petry (2019, S. 197).
[10]Vgl. Heimel und Müller (2019, S. 416).

Studien-nummern	Relevanten Textstellen; die für das Clustern direkt verwendeten Textstellen sind fett markiert
	„**Standardisierung:** Voraussetzung für die **Integration**, Flexibilität und Sicherheit der Daten und Analyseergebnisse, und zwar nicht nur im Sinne des Controllings, sondern funktionsübergreifend im Sinne des Gesamtunternehmens sowie der unternehmensübergreifenden Wertschöpfungsketten. **Die Standardisierung beinhaltet ein konsistentes Datenkonzept, fehlerfreie Stamm- und Bewegungsdaten sowie die transparente Beschaffung, Speicherung und Auswertung der Daten** (Mayer et al. 2017). **Sie ist damit der entscheidende Treiber für eine funktionsfähige Controlling-Governance.** Im Rahmen der Big Data-Integration muss das Controlling einen unternehmensinternen und -externen Standardisierungsprozess abdecken, der konzeptionell und technisch die neuen Daten in die internen Prozesse **integriert** (Kieninger et al. 2015). Dabei ist zu klären, ob die Daten funktionsorientiert in den Fachbereichen oder zentral abgelegt werden. Das Controlling sollte in beiden Fällen die Datenhoheit für alle gesamtunternehmerisch relevanten Roh- und Stammdaten übernehmen. **Der CFO muss diese Governance organisieren, transparent machen und federführend übernehmen** (Schäffer und Weber 2017, S. 2). Nur so kann eine „single source of truth" sichergestellt werden und aus Big Data ein konsistentes und steuerungsrelevantes „Big Picture" für das Management erzeugt werden. Kompatible und fehlerfreie Stammdaten sind das Fundament für sämtliche weiterführenden Analysen im Rahmen der Unternehmenssteuerung. Ohne ein konsequentes Datenmanagement hängt der Controller in seiner Rolle als **Business Partner** förmlich in der Luft

Studien-nummern	Relevanten Textstellen; die für das Clustern direkt verwendeten Textstellen sind fett markiert
	Standardisierung ist ebenso wichtig bei der Implementierung und Anwendung der diskutierten Analysemöglichkeiten und -tools. Dabei wäre es zwar nicht primär Aufgabe des Controllings diverse Analysetools technisch zu implementieren, wohl aber unternehmensweit die betriebswirtschaftlichen Einsatzmöglichkeiten zu standardisieren und zu optimieren. Das Controlling muss beispielsweise bei der Auswahl geeigneter Einsatzbereiche, bei der (betriebswirtschaftlichen) Konzeption von KPIs sowie Steuerungs- und Entscheidungsmodellen oder bei der Auswahl geeigneter Analyseverfahren mitwirken. Die Business Partner im Controlling müssen dabei einerseits den jeweiligen Geschäfts- oder Funktionsbereich insbesondere für die Konzeption von Treibermodellen und die dafür erforderlichen Datengrundlagen und andererseits die Einsatz- und Nutzungsmöglichkeiten fortschrittlicher Analyseverfahren (mathematisch-statistischer bzw. Mining Verfahren) verstehen, **um eine Standardisierung voranzutreiben** (Seufert 2014, S. 40). **Standardisierung ist ebenso Voraussetzung für Effizienzsteigerungen und Automatisierungen in den Controlling-Prozessen.** Das Automatisierungspotenzial in den repetitiven Controlling-Prozessen wie dem Reporting oder dem Forecasting kann nur in einer hochstandardisierten Umgebung mit kompatiblen Daten und sehr robusten Treibermodellen funktionieren. **Die Standardisierung verhindert Informationschaos oder -überflutung und stellt die Weiterverarbeitbarkeit und Steuerungsrelevanz der integrierten und generierten Informationen sicher.** Dabei darf die Controlling-Governance eine zielgerichtete Nutzung von Big Data und Business Analytics auf den einzelnen Unternehmensebenen nicht unverhältnismäßig einschränken. **Entscheidend ist die Balance zwischen zentralen Vorgaben und Standards einerseits und der notwendigen Flexibilität für die einzelnen Unternehmensfunktionen anderseits**
	„Automatisierung: Zweite Stoßrichtung für das Controlling im Zuge der Digitalisierung ist die Automatisierung. **Diese ist Voraussetzung für Effizienzgewinne in der Controlling-Organisation. Dabei wird den eher repetitiven Controlling-Prozessen wie der Planung bzw. dem Forecast und dem Reporting das größte Automatisierungspotenzial zugesprochen."**

Studien-nummern	Relevanten Textstellen; die für das Clustern direkt verwendeten Textstellen sind fett markiert
11[11]	„**Spezialisierung:** Sie ist Voraussetzung für das Ausschöpfen der Nutzenpotenziale der Digitalisierung insbesondere bezüglich Business Analytics…**Die Spezialisierung ist notwendig, um langfristig ihre Rolle und Stellung im Unternehmen nicht zu verlieren.** Wenn der Controller die Datenebene verlässt, weil dieser näher beim Manager sein (und der Business Partner Rolle nachgehen) möchte, dann wird er mittelfristig überflüssig. Demnach sollten die durch Automatisierung freiwerdenden Ressourcen im Controlling vor allem für Datenanalyse und -management sowie Zukunftssteuerung eingesetzt werden (Schäffer und Weber 2017, S. 7 f.)…Entscheidet sich ein Unternehmen nicht für Make, sondern Buy, und kauft etwaige Leistungen ein, ist zu bedenken, dass solche Data Scientist Profile nach wie vor selten zu finden sind (Kieninger et al. 2015; Abb. 4)." „Es wird von fundamentalen Veränderungen in den Steuerungsprozessen und von einem Paradigmenwechsel von reaktiv-analytischen zu proaktiv-prognostizierenden Prozessen ausgegangen. **Der Controller hat sich stärker auf eine zukunftsorientierte Steuerung zu konzentrieren,** denn die Digitalisierung bedingt ein rascheres, unterjähriges Agieren auf Basis einer schnellen, integrierten und agilen Unternehmenssteuerung. Vom Controller wird erwartet, das Steuerungssystem an den digitalen Wandel anzupassen und neue Steuerungsgrößen wie beispielsweise digitale Kennzahlen (Reichweiten, Interaktivität, Conversion Rate, Digital- und Online-Werbeumsätze) zu **integrieren**." „Um seine Informationshoheit nicht zu verlieren, hat sich der Controller aktiv in digitale Projekte einzubringen und den Entscheidungsträgern aufzuzeigen, wie der Erfolg der digitalen Transformation zu messen und bewerten ist…**Eine teilweise automatisierte Planung bewirkt freie Controller-Kapazitäten,** daher wird im Rahmen der Planung mehr Entscheidungs- und Szenario-Orientierung, ein höherer **Integrationsgrad** sowie eine vermehrte Beschäftigung mit disruptiven Veränderungen erwartet." „Im Rahmen der strategischen Planung ist das Management bei der Erarbeitung und Umsetzung einer **Digitalstrategie zu unterstützen**."

---

[11]Vgl. Wolf und Heidlmayer (2019, S. 29).

Anhang

Studien-nummern	Relevanten Textstellen; die für das Clustern direkt verwendeten Textstellen sind fett markiert
12[12]	„Es wurde im vorliegenden Beitrag gezeigt, dass es im Zuge der Digitalisierung zu erheblichen Veränderungen bei den Controlling-Prozessen und den notwendigen Kompetenzen kommt. Die Frage ist nun, wie sich Controlling-Bereiche im Unternehmen auf diese vorbereiten können und wie eine Weiterentwicklung des diesbezüglichen Reifegrades bewerkstelligt werden kann. Ein wesentlicher Ansatz ist hier die **Aus- und Weiterbildung** im Zuge der betrieblichen Personalentwicklung. Als ein weiterer Ansatz kann jedoch auch das **Recruiting bzw. die betriebliche Diversität** gesehen werden."
13[13]	„Besonderes Augenmerk sollte auf die Qualität der Daten im Rahmen von BI&A-Maßnahmen gelegt werden. Die enorme Datenmenge, deren Inkonsistenz und die Datengenerierung aus unterschiedlichsten Quellsystemen stellen das Controlling vor die Herausforderung, den „single point of truth" nicht mehr gewährleisten zu können. Durch die gezielte Vorabdefinition von Fragen kann der Analyseprozess zielgerichteter gestaltet werden, womit das Datenmanagement fokussierter erfolgt. Darüber hinaus muss die **Integrität** unterschiedlichster Systeme gewährt werden, um sowohl die Funktionsfähigkeit der Systeme als auch die Richtigkeit der daraus gewonnenen Informationen sicherzustellen." „Die Fachexpertise im Bereich BI&A stellt eine weitere wesentliche Herausforderung dar. Controller sehen sich zunehmend damit konfrontiert, neben rückwärtsgerichteten Reports ebenfalls Trendprognosen und Handlungsempfehlungen auf Basis von Echtzeitdaten bereitzustellen. In diesem Zusammenhang wird vermehrt betont, **Programmierfähigkeiten und Statistikkompetenzen** aufzubauen. Eine bereits gängige Handlungsempfehlung stellen **interdisziplinäre Teams** dar, in dem IT- und Statistikfachkräfte gemeinsam mit Domänen- und Finanzexperten an BI&A-Projekten Untersuchungen." „Auf Basis der gewonnenen Informationen werden Handlungsoptionen formuliert, die zur Veränderung von Organisationsstrukturen oder Geschäftsprozessen beitragen bzw. bei der Formulierung von Strategien behilflich sein sollen. Dabei ist jedoch wichtig zu betonen, dass die Entscheidungsfindung einen **kommunikativen Prozess** voraussetzt und somit durch eine noch so fundierte Datengrundlage nicht ersetzt werden kann. Das Controlling, welches neben formalisiertem auch implizites Wissen über die Geschäftsabläufe besitzt, sollte die zunehmende Digitalisierung als Chance sehen, künftig noch mehr als **betriebswirtschaftlicher Berater des Managements zu fungieren**."

---

[12]Vgl. Mödritscher und Wall (2019, S. 78).
[13]Vgl. Pabinger und Mayr (2019, S. 101).

Anhang

Studien-nummern	Relevanten Textstellen; die für das Clustern direkt verwendeten Textstellen sind fett markiert
14[14]	„Zielbild entwickeln, welches für ihre Größe, ihre Rahmenbedingungen…Ambitionen passt"; „Aufgaben und Kompetenzen?"; **„Für welche Aktivitäten und Prozesse ist eine Digitalisierung wirklich sinnvoll? Stimmt das Nutzen-Aufwand-Verhältnis? Und brauchen wir neue IT-Lösungen für die digitale Transformation des Controllings oder können wir bestehende Systeme weiternutzen?"**;
15[15]	„Ein Data Warehouse ist Grundlage einer einfachen und **effizienten Datenanalyse**"; „Aufgrund der zunehmenden Digitalisierung der Systeme und der verschiedenen Anwendergruppen spielt die Datensicherheit bei der Implementierung eines Business-Intelligence-gestützten Controlling Cockpits eine wichtige Rolle."; „Durch die Umsetzung eines mehrdimensionalen Berechtigungssystems auf Datenbank- und Anwendungsebene ist gewährleistet, dass **ausschließlich autorisierte Anwender auf bestimmte Daten zugreifen** und so gezielt und sicher Transparenz über die Geschäftstätigkeit gewinnen können." „Ein weiterer, wichtiger Faktor für die schnelle und effektive Umsetzung ist eine hohe **Stammdatenqualität**." „Ob diese technischen Lösungen und darauf basierende Analysen im aktuellen „Digitalisierungshype" allerdings stets einen Zusatznutzen für die Unternehmen entfalten, ist insbesondere für KMU kritisch zu prüfen. Die Frage sollte also weniger lauten: „Was ist technisch möglich?", sondern vielmehr: **„Ist das, was technisch möglich ist, auch betriebswirtschaftlich zweckmäßig?"**

---

[14]Vgl. Langmann (2019, S. 53).
[15]Vgl. Wiesehahn et al. (2019, S. 6).

Studien- nummern	Relevanten Textstellen; die für das Clustern direkt verwendeten Text- stellen sind fett markiert
16[16]	„Im Sinne des **Self-Controllings** sind Controller dafür verantwort- lich, den Informationszugang für Manager zu erleichtern, um auch bei diesem das „Controlling-Mindset" zu forcieren." „Mit- hilfe dieser **Treiberbäume** ist es möglich, die digitale Planung, welcher automatisierte funktionale Forecasts als Ausgangspunkt zu Grunde liegen, weiterzuentwickeln. Die digitale Planung wird in einem hohen Maß **integriert** und detailliert sein, sodass ver- schiedene Prozesse und Steuerungsebenen miteinbezogen werden. Die Erstellung von Forecasts und Planung erfolgt überwiegend **automatisiert** und somit kann eine höhere Fokussierung auf Entscheidungs- und Szenario-Betrachtungen gewährleistet werden." „Die technischen Möglichkeiten der Digitalisierung bieten sowohl für das Rechnungswesen als auch für das Controlling eine Vielzahl an Möglichkeiten: So lassen sich viele Prozesse **automatisieren,** wie etwa die Belegerstellung und -verbuchung, aber auch die Aufbereitung eines (Monats-) Reports oder die Generierung eines Forecasts auf Finanzseite. **Selbstlernende Systeme und künstliche Intelligenz beschleunigen die Digitalisierung und Automatisierung.**"
17[17]	„…we examined specific technological developments as part of the digitalization process (cloud computing, big data and analytics, blockchain and AI), revealing that the digitalization of the underlying management accounting and controll practices infrastructure increases **automatization** and visibility, as well as mobilizing large amounts of data for use in decision making."
18[18]	„Organizations benefit from automating only **certain processes,** those that are structured, repeated, rules-based, and with digital inputs. **Along with cost savings, organizations experience improved process documentation, lower error rates, more accurate measurement of process performance, and better report quality.**"

---

[16]Vgl. Ploier und Mayr (2019, S. 198).
[17]Vgl. Heinzelmann (2019, S. 220).
[18]Vgl. Kokina und Blanchette (2019, S. 1).

Anhang

Studien-nummern	Relevanten Textstellen; die für das Clustern direkt verwendeten Textstellen sind fett markiert
19[19]	„Ein **integriertes Datenmanagement** ist der Schlüssel zu mehr **Effizienz im Controlling**. Ohne ein solches hat das Controlling keine Chance, an den aktuellen technologischen Entwicklungen teilzunehmen und von diesen zu profitieren. Der erste Schritt dafür ist die strategische Gestaltung des Informationssystems, bei der festzulegen ist, welche Informationen in ein integriertes Datenmanagement aufzunehmen sind. Dazu gehören finanzielle und nichtfinanzielle Daten. In zunehmendem Maße werden letztere über soziale Netzwerke gewonnen. Solche Daten spielen bei der Gewinnung neuer Mitarbeitender genauso eine Rolle, wie bei der Kundenbindung und dem Aufbau von Markenbekanntheit In einem zweiten Schritt müssen Unternehmen dafür eine **Data Warehouse-Lösung** bereitstellen. Wettbewerbsvorteile können Unternehmen dann realisieren, wenn damit eine Kombination von internen und externen Daten möglich ist. Denn dann werden Ursache-Wirkung-Beziehungen zwischen den Daten deutlich. So kann eine Kombination von unterschiedlichen Daten offenlegen, dass Umsatzrückgänge in einem bestimmten Marktsegment auf eine veränderte Pricing-Strategie eines Wettbewerbers zurückzuführen sind. Ein integriertes Datenmanagement stellt also eine wichtige Grundlage für eine stärker **beratende Rolle des Controllers** dar."
20[20]	„Management accountants must focus on a visualized reporting process: To do this, the MAs need to have the **skills** to do it, i.e. skills related to the outcome from analytics in the form of numbers, graphs, trends, etc." „The important point is that we have to focus on giving management accounting students and professionals the right skills in order to convince the companies that they can add value to the business; if not, other groups of professionals are ready to take over." „The MA must during all BA steps constantly remind him/her selves on what is the purpose, the context, possible alternative interpretations from alternative techniques, assumptions, experience and so on."
21[21]	„Prozesse": • „Planen Sie weniger, richten Sie Ihren Blick mehr nach vorne"; • „Schaffen Sie Transparenz durch operative Einheiten"; • **„Wägen Sie Standardisierung und Automatisierung immer gegen Steuerungsrelevanz und Flexibilität ab"**

---

[19]Vgl. Friedl (2019, S. 38 ff.).
[20]Vgl. Nielsen (2018, S. 12 ff.).
[21]Vgl. Scharner-Wolff und Witte (2018, S. 30).

Anhang 121

Studien-nummern	Relevanten Textstellen; die für das Clustern direkt verwendeten Textstellen sind fett markiert
22[22]	„Scheuen Sie sich nicht, etablierte Prozesse und Instrumente infrage zu stellen, um zu einem zukunftsfähigen Controlling-Konzept mit breiter Akzeptanz beim Management des digitalen Unternehmens zu kommen." „Die Herausforderung liegt darin, Planungs- und Ergebnisprozesse stärker auf die Notwendigkeiten einer **Forecast-Steuerung** auszurichten."; „Instrumentarien wie Planung, Prognose und Reporting sind so zu optimieren und anzupassen, dass sie den geänderten Entscheidungserfordernissen des Managements Rechnung tragen. Dabei müssen Anpassungsüberlegungen mit der Planung und den Planungsprozessen beginnen." „Kommt nun zusätzlich die Herausforderung eines mehrfachen Forecasts hinzu, so fordert dies das Controlling erheblich. Denn zunächst muss das Unternehmen vor allem die Planungsqualität verbessern, bevor an die Erstellung eines verlässlichen Forecasts zu denken ist."; **„Die operative Steuerung ließe sich deutlich verbessern, wenn Controller und Manager dem Forecast deutlich mehr Gewicht beimessen würden. In der Praxis ist allerdings oft das Gegenteil der Fall."** „Nun kann es nicht Ziel sein, ein Unternehmen in einen permanenten Zustand der Planung und Prognose zu versetzen. Dafür mangelt es zumeist an Ressourcen. Auch die Akzeptanz solcher Controlling-Prozesse wird vermutlich unter der damit einhergehenden „Management-Beanspruchung" leiden. Die Herausforderung liegt vielmehr darin, Planungs- und Ergebnisprozesse stärker auf die Notwendigkeiten einer Forecast-Steuerung auszurichten. Ziel ist es, eine überschaubare Anzahl von relevanten Steuerungsparametern des Geschäftsmodells rasch und mit begrenztem Aufwand zu simulieren beziehungsweise durch die Veränderung verlässliche Forecasts abzuleiten. Gelingt dies, so tritt die tendenziell vergangenheitsbezogene Plan-Ist-Analyse zugunsten einer vorausschauenden, eher operativen Steuerung in den Hintergrund. Die Antwort des Controllings heißt also weniger Analysen in Vergangenheit und Gegenwart, sondern mehr Fokussierung auf Szenarien und Darstellung von Optionen und Entscheidungserfordernissen im kurz- und mittelfristigen Bereich."
23[23]	„Voraussetzung ist ein genügend hohes Prozessvolumen, da andernfalls die **Implementierungskosten** nicht von den Einsparungen finanziert werden können. Hier kann eine Verlagerung an einen Low-Cost-Standort, insbesondere bei bestehenden Strukturen, vorteilhaft sein."

---

[22] Vgl. Lubos (2018, S. 29 ff.).
[23] Vgl. Peper (2018, S. 26).

Anhang

Studiennummern	Relevanten Textstellen; die für das Clustern direkt verwendeten Textstellen sind fett markiert
24[24]	„Digitale Technologien im Controlling": „Digitale Technologien sind ein sehr breites Feld und beinhalten zum Beispiel das Internet der Dinge, künstliche Intelligenz oder auch Blockchain. Die eingesetzten Technologien bilden die Rahmenbedingungen für die Digitalisierung im Controlling, müssen aber auch einen Wertbeitrag leisten. **Sie ebnen den Weg für die Standardisierung und Automatisierung der Controlling-Prozesse** und öffnen die Tür für eine zeit- und ortsunabhängige Datenanalyse."
25[25]	„Die zu automatisierenden Prozesse lassen sich mit Hilfe der Checkliste in Abb. 4 auswählen und sollten vor allem bereits ausreichend **standardisiert** sein."
26[26]	„**Outsourcing als Strategie zur Bewältigung der Digitalisierung im Controlling**" „Insgesamt eignen sich aus Sicht der Unternehmen insbesondere Dienstleistungen mit starkem IT-Bezug für ein Outsourcing, während nur wenige Unternehmen bereit sind, projektbezogene Ad-hoc-Analysen (17 %) oder etablierte Controlling-Prozesse (10 %) aus der Hand zu geben."
27[27]	„Generelle Prozessunterstützung: Der gesamte Planungs- und Reportingprozess wird derzeit noch wenig mit geeigneten Instrumenten unterstützt. Hier könnten **Workflow-,** Status- und Trackingsysteme an Bedeutung gewinnen. Ein systemgestützter **Workflow** zeigt grafisch die einzelnen Teilaufgaben des gesamten Planungsprozesses an. Ein **integriert** nutzbarer Planungskalender terminiert und koordiniert die Teilaufgaben. Aktivitäts- und Statusberichte helfen bei der Steuerung und Kontrolle des Planungs- und Reportingprozesses."

---

[24]Vgl. Keimer und Egle (2018, S. 64).
[25]Vgl. Hermann et al. (2018, S. 34).
[26]Vgl. Ströbele (2018, S. 56 ff.).
[27]Vgl. Schön (2018, S. 485).

Anhang

Studien-nummern	Relevanten Textstellen; die für das Clustern direkt verwendeten Textstellen sind fett markiert
28[28]	„Um RPA als „digitale helfende Hand" zu nutzen und dadurch Mitarbeiter weniger mit repetitiven Untersuchungen zu beschäftigen, bedarf es einer intensiven Planung und Analyse, **welche Prozesse RPA** geeignet sind und für welche Prozesse die erforderliche Kompetenz zu hoch und der Grad der Standardisierbarkeit zu gering ist, um eine **Automatisierung** erfolgreich zu implementieren." „Für das Controlling wird die Anwendung der CC-Technologie eine besser geeignete Form der Automatisierung darstellen, um eigenständig Ursachen-/Wirkungsanalysen durchzuführen, Handlungsempfehlungen vorzubereiten und das Management mit real-time Antworten und zutreffenden Interpretationen der Kennzahlen zu versorgen." „Der Einfluss von RPA und CC in Verbindung mit Predictive Analytics wird die Rolle des Controllings nachhaltig verändern und dem Anspruch des Controllers verhelfen, durch zukunftsorientierte Berichterstattung und Analysen **zum Mehrwert stiftenden Berater und wertvollen Business Partner** des CFOs zu werden."
29[29]	„Was häufig unterschätzt wird: die Identifikation und strukturierte, an **Kosten und Nutzen orientierte Priorisierung von Prozesskandidaten zur Automatisierung.**"; „Dabei sollte RPA nicht dem „Lift and Shift"-Ansatz folgen – also der reinen Verlagerung von Prozessen, ohne diese zu optimieren, wie es häufig im Bereich von **Shared Services** oder Business Process Outsourcing (BPO) gehandhabt wird. Vielmehr bietet RPA die Möglichkeit, Prozesse zu optimieren, ohne die Nutzenrealisierung zu verzögern. Im Gegenteil: oft reichen kleine Anpassungen im Prozess, um eine Automatisierung durch den Software-Roboter zu optimieren. Im oben beschriebenen Vorgehensmodell wird diese Phase „Maximierung" genannt."

---

[28]Vgl. Alexander et al. (2018, S. 18).
[29]Vgl. Manutiu (2018, S. 8).

Studien-nummern	Relevanten Textstellen; die für das Clustern direkt verwendeten Textstellen sind fett markiert
30[30]	„Hierzu ist es allerdings notwendig, dass das Controlling auch seine eigenen Prozesse hinterfragt. Diese radikale Veränderung der eigenen Prozesse hat größtenteils bereits begonnen. Die steigende Datenverfügbarkeit, die **Automatisierung** einzelner Prozesse und die höhere Relevanz zukunftsgerichteter Prognosen werden dazu führen, dass sich das Controlling, wie wir es bisher kennen, stark verändern wird. **Effizienz** und Effektivität des Controllings nehmen zu und ermöglichen die Anwendung neuer digitaler Technologien wie die der künstlichen Intelligenz zur Optimierung der unternehmenseigenen Prozesse." „Das Management Reporting wird flexibler, schneller und adressatenorientierter ausgerichtet. Der Budgetierungsprozess **integriert und verknüpft** Unternehmensprozesse zunehmend. Dabei darf allerdings nicht außer Acht gelassen werden, dass eine kontinuierliche Anpassung der **Kompetenzen** sowie Datensicherheit und **Transparenz** weiter Bestand haben müssen."

---

[30]Vgl. Nasca et al. (2018a, S. 87).

Studien- nummern	Relevanten Textstellen; die für das Clustern direkt verwendeten Text- stellen sind fett markiert
31[31]	„Das Controlling muss **proaktiver und antizipativer handeln,** um Prozesse **flexibler** und schlanker zu gestalten sowie die Entscheidungsfindung zu beschleunigen. Damit geht einher, dass sich die Rolle der Controller erheblich ändern wird und sie sich zukünftig noch viel mehr als bisher u. a. in neue IT-Themen einarbeiten müssen, sodass die **Rolle des Controllers zu einer der strategischen Initiativen zählt.** In einigen Bereichen wird Expertise in Shared Excellence Centern gebündelt. Im Controlling zählt dazu der Reporting Intelligence Service (RISe). Gleichzeitig heißt digitale Transformation, Prozesse zu optimieren und automatisierte Prozesse einzuführen. Ein Ziel ist die Etablierung von effektiven und effizienten End-to-End-Prozessen. Planungs- und Budgetierungsprozesse sind in der Praxis oft zeitaufwendig und ressourcenintensiv, weshalb auch hier die Digitalisierung helfen soll, die Planungsschleifen zu reduzieren und die Flexibilität zu erhöhen. Damit einerseits Prozesse schneller, einfacher und standardisiert ablaufen und andererseits Echtzeit-Auswertungen erstellt werden können, wird SAP S4/HANA eingeführt."; „Aufgrund der Digitalisierung gewinnt die Standardisierung und Automatisierung der Controlling-Prozesse an Bedeutung. Damit verändert sich auch das **Prozessmanagement** fundamental, denn Digitalisierung funktioniert nur, wenn die Prozesse eindeutig definiert sind. Unternehmen, die das Digitalisierungspotenzial ausschöpfen wollen, müssen Prozessmanagement als Basis haben. Diesem Grundsatz folgt auch die MAN, daher wird die Prozessoptimierung gegenüber der Digitalisierung derzeit deutlich priorisiert. Als Basis hierfür wurde das Konzept „Prozesshaus F" entwickelt, das auf Grundlage der standardisierten Prozessmanagementmethodik die Optimierung und Standardisierung der Prozesse zum Ziel hat."

---

[31]Vgl. Eymers et al. (2018a, S. 121).

Studien-nummern	Relevanten Textstellen; die für das Clustern direkt verwendeten Textstellen sind fett markiert
	„Durch eine End-to-end-Prozessdenkweise soll im Unternehmen gleichzeitig ein übergreifendes und effektives Prozessmanagement aufgebaut werden, das folgende Vorteile bietet: Stärkung der Kundenorientierung; Standardisierung/Harmonisierung der Prozesse über die Organisation hinweg ermöglicht eine einheitliche Vorgehensweise zur nachhaltigen Optimierung; Ermöglichung eine Sollprozessorientierung; Verbindung der Organisation mit den ablauforientierten Prozessen; Aufzeigen von Ursache-Wirkungs-Zusammenhängen über die Organisationseinheiten hinweg. Da die Digitalisierung einen **ganzheitlichen Blick auf Prozesse** erfordert und nicht an Abteilungsgrenzen halt machen darf, laufen die Prozesse quer durch die Organisation. So Untersuchungen fachbereichsübergreifende Teams gemeinsam an der Optimierung und Digitalisierung der betrieblichen Abläufe. Die frühzeitige Einbindung aller am Prozess Beteiligten sichert zudem die Akzeptanz im Veränderungsprozess. Im Untersuchungsalltag zeigt sich immer wieder, dass Prozesse starr und unflexibel sein können. Im Vergleich zu Start-ups besteht daher Handlungsbedarf bezüglich Schnelligkeit und Agilität. Häufig ist das Reporting betroffen, das oft sehr fragmentiert und heterogen ist. Als Antwort auf diese Herausforderungen wurde der Reporting Intelligence Service (RISe) entwickelt, der auf eine breite einheitliche Informationsbasis abzielt, um den Anforderungen von Automatisierung und technologischer Weiterentwicklung gerecht zu werden. Im Folgenden wird der Aufbau des RISe näher erläutert **Aufbau und Ausgestaltung einer Reporting Factory als Shared Excellence Center:** Der Organisationsansatz der Reporting Factory greift den Ansatz des Shared Service Centers auf, indem er Aufgaben des Berichtswesens an einer Stelle im Unternehmen bündelt und diese standardisiert. Hierdurch werden Skalen- und Bündelungseffekte erzielt, die die Effizienz steigern. Grundsätzlich werden 2 Varianten von Shared Service Centern unterschieden, zum einen das Center of Scale und zum anderen das Center of Excellence. In einem Center of Scale werden in erster Linie Massenprozesse zusammengefasst; ein Center of Excellence hingegen bündelt Prozesse, die in unterschiedlichen Unternehmensbereichen benötigt werden und gleichzeitig fachliches Know-how bzw. spezielle Kompetenzen erfordern. RISe ist eine spezifische Ausprägung eines Shared Service Centers, eingeordnet als Shared Excellence Center. Es wurde als eine eigenständige Abteilung im Unternehmen aufgebaut. 2 zentrale Faktoren in der Ausgestaltung von RISe bestehen in der Festlegung des richtigen Scopings und der Herleitung einer fundierten Roadmap aus einer Vision:

Studien-nummern	Relevanten Textstellen; die für das Cluster direkt verwendeten Textstellen sind fett markiert
	• Die im Unternehmen von MAN entwickelte Vision umfasst ein Mehrstufen-Prinzip zur Absicherung der nachhaltigen Servicequalität sowie der Kundengewinnung. • RISe ist exklusiver Servicelieferant für das gesamtunternehmerische Berichtswesen zur Sicherstellung einer einheitlichen und eindeutigen Informations- und Steuerungsbasis. Die Roadmap umfasst verschiedene Handlungsfelder, wie bspw. Kunden, Service, Organisation und Plattformen und legt hierfür zukünftig umzusetzende Themen fest."
32[32]	„Gerade im **Controlling** existieren viele **Prozesse**, die sich für Robotic Process Automation eignen. Diese sind oft sehr datenintensiv und implizieren dabei höchst kritische Zahlen und Inhalte, die für das gesamte Unternehmen relevant sind. Die Genauigkeit, die der Umgang mit diesen Daten erfordert, in Verbindung mit dem hohen Aufwand der Verarbeitung, legt eine **Automatisierung** nahe. Die neue Technologie Robotic Process Automation stellt hier ein solides Grundgerüst dar, um die Anforderungen an eine zuverlässige, konsistente und schnelle Datenverarbeitung zu bewältigen."
33[33]	„3.3 Wie schafft man Wandel ohne Transparenzverlust? Die Verschiebung des Fokus weg von der klassischen Produktsicht und einer geringeren Planungstiefe hin zu **Treibern** sollte nicht dazu führen, dass Informationsdefizite entstehen. Für die Steuerung der Produkte und der Zielgruppen wird der Blickwinkel auf dem Wachstum (Ist-Ist-Vergleich) liegen. Übergangsweise werden für die Produkte Planwerte aus der treiberbasierten Planung abgeleitet. Der Betriebsaufwand wird noch nicht treiberbasiert geplant. Dies steht erst im nächsten Jahr auf der Roadmap. Damit ergeben sich Implikationen für die Management-Erfolgsrechnung, da die Wirtschaftlichkeitsbetrachtung zwar für die Produkte, nicht aber für die Treiber vorliegt. Dieses agile Vorgehen einer sukzessiven Umstellung erfordert Mut, weil es in einer Übergangsphase Fragen geben wird, die das Controlling nicht wie gewohnt auf Knopfdruck beantworten kann."

---

[32]Vgl. Botar et al. (2018, S. 76).
[33]Vgl. Maron et al. (2018, S. 136).

Studien-nummern	Relevanten Textstellen; die für das Clustern direkt verwendeten Textstellen sind fett markiert
	„3.4 Wie werden datenbasierte Prognosemodelle integriert? Die Planung soll darüber hinaus verkürzt werden. Daher war es das Ziel, möglichst viele Planungsdaten **automatisch** bereitzustellen. Statistisch generierte Prognosen erfordern ein hohes Maß an Erfahrungen und spezifischen Kenntnissen. Sie gehören noch nicht zum Handwerkszeug eines Controllers. Zum einen geht es darum, die Modelle aufzubauen. Gleichzeitig müssen die auf dieser Basis ermittelten Planwerte validiert werden. Dies gelingt am besten in crossfunktionaler Zusammenarbeit zwischen Fachabteilung, Data Scientist und dem Controlling. Dabei wurden verschiedene Prognosemethoden wie Zeitreihen- und Regressionsanalysen mit Python und Excel pilotiert. Grundlage waren interne Daten und ausgewählte Geschäftstreiber. Ein Vorteil ist, dass diese Informationen bereits im Unternehmen vorliegen. Um schnell und professionell zu lernen, wurde ein externer Partner mit hoher Methodenkompetenz eingebunden. Für die finale Validierung wurden die Ergebnisse mit dem für das jeweilige Produkt besten Fit verwendet. Bspw. lieferten bei Produkten mit stärkeren saisonalen Schwankungen andere Algorithmen bessere Ergebnisse als bei Produkten mit sehr konstantem Verlauf. Bei jedem datengetriebenen Modell bestimmen Qualität und Verfügbarkeit des Dateninputs, inwieweit sinnvolle Ergebnisse entstehen. Bspw. sind saisonale Verläufe zu berücksichtigen (s. Abb. 5). Die schwarze Linie in Abb. 5 zeigt die Ist-Entwicklung, die grüne Linie den statistisch vorhergesagten Verlauf. Fazit: Je stabiler das Geschäft, desto leichter der Einstieg in die Prognosemodelle."
34[34]	„Wie setzen Unternehmen Predictive Planning ein und um? Ein Praxisleitfaden: Schritt 1: Die Ansatzpunkte identifizieren… Schritt 2: Datenmanagement – eine solide Basis schaffen… Schritt 3: Single Point of Truth – die **Datenspeicherung zentralisieren** Schritt 4: Integration in die Planung Schritt 5: Anwendung in der Planung – ein „How-to" für den Start Predictive Planning hat das Potenzial, die Unternehmensplanung entscheidend weiterzuentwickeln. Den nachhaltigen Erfolg sowie die Effizienz einer integrierten Unternehmensplanung sichern professionelle Softwarelösungen. Das verbindet die Stärken des Controllings mit den Vorteilen der Maschine: Ist in der Praxis Kreativität gefragt, sind für diese Aufgaben Planer und Controller zuständig. Gibt es wiederum klare Regeln für eine Hochrechnung, ist es potenziell eine Aufgabe der Maschine, beziehungsweise der Softwarelösung."

---

[34]Vgl. Dörfner und Kläsener (2018, S. 179).

Studien-nummern	Relevanten Textstellen; die für das Clustern direkt verwendeten Textstellen sind fett markiert
35[35]	„In 3 Schritten zur autonomen, digitalen Planung 1.) **Integration** verschiedener Teilpläne; 2.) **Automatisierung** der Planung; 3.) Digitalisierung mithilfe moderner Analytics-Methoden"
36[36]	„(umfassende) **Integration** der einzelnen Elemente und eine Überführung der Prototypen in die Regelprozesse." „Grundsätzliche bislang nicht überwindbare Hindernisse sind derzeit nicht erkennbar; allerdings sind an die Umsetzung weitreichende Voraussetzungen geknüpft. Insbesondere die Bereitstellung qualitativ hochwertiger Datenbestände stellt für viele Unternehmen einen großen Aufwand dar."
37[37]	„Digitalisieren Sie Ihre Budgetierung, um sie einfacher, **flexibler und integrierter** gestalten zu können."; „Eine digitalisierte Budgetierung lässt mehr Rückschlüsse auf die Planerreichung zu" **„Eine Standardisierung und Vernetzung führt zur Automatisierung der Prozesse"**; – Verlieren Sie „das große Ganze" nicht aus den Augen. „Nutzen…Chancen der Digitalisierung und prüfen Sie, was für den Budgetierungsprozess wirklich wichtig ist und was nicht." „Bei der Entwicklung des Tools sollten Controller die Verbindungsstelle zwischen dem benötigten Buchungssystem und den Programmdienstleistern sein." „Die **Verknüpfung von Prozessen** lässt bessere Rückschlüsse auf die Planerreichung zu und wird durch das Wegfallen von Zwischenschritten einfacher und effizienter"; **„Automatisieren** Sie erst Teilaspekte, beispielsweise durch Predictive Analytics, nicht alles auf einmal"; „Setzen Sie nicht nur auf digitale Technologien, vor allem im Kerngeschäft muss der Controller auch selbst Einschätzungen vornehmen"; „Einigen Sie sich frühzeitig auf **Standards und integrieren** und verpflichten Sie die Tools in die Prozessbeschreibung, um einen vergleichbaren Standard erstellen zu können." **„Die Automatisierung trägt maßgeblich zur Integriertheit bei."**

---

[35]Vgl. Schlösser et al. (2019, S. 43).
[36]Vgl. Kappes und Leyk (2018, S. 11).
[37]Vgl. Nasca et al. (2018b, S. 42 f.).

Studien-nummern	Relevanten Textstellen; die für das Clustern direkt verwendeten Textstellen sind fett markiert
38[38]	„Dabei ist die gesamte Bandbreite der Digitalisierung zu berücksichtigen, angefangen bei der **Vereinheitlichung von Datenquellen** und der **Standardisierung von Prozessen** bis hin zu Fragen nach den Möglichkeiten von Real Time-Analysen oder komplexen Algorithmen im Rahmen der künstlichen Intelligenz."; „Die ressourcenintensiven Finanzprozesse sind dabei häufig in der Controlling-Abteilung gebündelt (z. B. Operative Planung und Budgetierung) und bisher oft weniger stark auf Optimierung getrimmt als die Prozesse in der Finanzbuchhaltung. Verantwortlich dafür ist unter anderem die **schwierige Standardisierung** vieler Controlling-Prozesse."; **„Ein Grund hierfür sind die unterschiedlichen Abläufe, die nur schwer in Standards zusammengefasst werden können.** In der Finanzbuchhaltung lassen sich Abläufe im Gegensatz dazu leichter standardisieren und in einem zweiten Schritt automatisieren."; **„Die Standardisierung und Automatisierung** von Controlling-Prozessen **schafft für den Controller Freiräume, um sich mit tiefergehenden Analysen zu beschäftigen und sich auf die Interpretation und Kommunikation der Ergebnisse zu konzentrieren. Des Weiteren kann durch die Automatisierung der Controlling-Prozesse und Controlling-Aktivitäten die Fehlerquote reduziert, die Effizienz gesteigert und die Geschwindigkeit erhöht werden."; „Für die Domäne Prozesse müssen im Digital Controlling folgende Aspekte erfüllt sein: • Automatisierungsgrad: Ein Großteil der transaktionalen und repetitiven Controlling-Prozesse und -Tätigkeiten sollte automatisiert sein. • **Effizienz:** Automatisierung manueller Tätigkeiten sowie Prozessoptimierung durch IT Anwendungen."
39[39]	„Die Erfahrungen bei SAP zeigen, dass die Entwicklung von standardisierten Berechnungsmethoden und Predictive-Analytics-Modellen nicht im Laufe weniger Wochen erreicht werden kann. **Gesunde Ausdauer,** eine gewisse **Fehlertoleranz** und der **Fokus auf kontinuierliche Veränderungen** in der Firma helfen dabei ein Konzept zu entwickeln, welches nachhaltig erfolgreich ist."

---

[38]Vgl. Keimer und Egle (2020, S. 3 ff.).
[39]Vgl. Raschig und Schulze (2020, S. 33).

Studien-nummern	Relevanten Textstellen; die für das Clustern direkt verwendeten Textstellen sind fett markiert
40[40]	„**Automatisierung/Standardisierung:** Das bestehende Berichtswesen und andere Routinetätigkeiten sollten nach Möglichkeit **automatisiert und standardisiert** werden. Eine Auslagerung in ein **Shared-Service-Center** ist ebenso möglich. Verbringt das Controlling die meiste Zeit mit Prozesskostenrechnungen oder Standard berichten, weil diese einen hohen manuellen Aufwand darstellen, werden wertvolle Ressourcen blockiert. Ebenso gilt es mittels einem aktiven Datenmanagement die Qualität der Daten sicherzustellen."; „Veränderte Rahmenbedingungen akzeptieren: Die Digitalisierung geht mit neuen (Kunden-) Bedürfnissen einher. Gleichzeitig stehen größere Datenmengen und vielfältigere Daten zur Verfügung. Um diese Möglichkeiten zu nutzen sind neue Methoden, Werkzeuge und Prozesse erforderlich. Dieser Wandel muss von **Führungskräften unterstützt** werden. So ist unter Umständen der **Aufbau zusätzlicher Personalkapazitäten** oder die Anschaffung weiterer Software erforderlich. **Ebenso muss das Controlling bei der Digitalisierungsstrategie Berücksichtigung finden.**"

---

[40]Vgl. Selb (2020, S. 49).

Studien-nummern	Relevanten Textstellen; die für das Clustern direkt verwendeten Textstellen sind fett markiert
41[41]	„Process Mining, eine Technik die Business-Prozesse auf Basis digitaler Spuren analysiert, ist ein geeignetes Werkzeug, um die **Effizienz von Prozessen zu erhöhen**. In der Praxis zeigt sich, dass meist einzelne Abweichungen für den größten Teil von Ineffizienzen von Prozessen verantwortlich sind. Durch ein Industrie Benchmarking der jeweiligen Controlling-Prozesse lassen sich in einem weiteren Schritt zusätzliche Verbesserungspotenziale erkennen."; „Eine Erhöhung des Digitalisierungsgrades durch **Prozessautomatisierung** erfolgt in mehreren Schritten. **Die Bündelung der Controlling-Aufgaben in einem Center of Excellence vereinfacht es, Prozesse zu standardisieren und entsprechend zu automatisieren.** Besonders in Kombination mit dem Einsatz von RPA können **Effizienzsteigerungen** realisiert werden. **Hierzu müssen Prozesse durch eine Vereinheitlichung von Templates und Untersuchungsschritten harmonisiert werden. Die Anforderungen an die Prozessoptimierung sowie die vorhandenen Ressourcen geben einen Anhaltspunkt zur Auswahl der gewinnbringendsten Technologien.** Dabei ist das **Kosten-/Nutzenverhältnis** unter den Vollkosten der gesamten Laufzeit der Technologien zu analysieren. Es ist wichtig, die **Frequenz** des zu verbessernden Prozesses zu berücksichtigen. **Bei nur jährlich oder quartalsweise stattfindenden Prozessen wird sich eine Automatisierung nur in den seltensten Fällen lohnen.** Typische Beispiele von Automatisierungstechnologien, die helfen den Reifegrad einer Controlling-Funktion zu erhöhen und Controller zu entlasten, sind **Robot Process Automation (RPA) und Self Services.** Während RPA es ermöglicht, Standardprozesse von einem Bot(Roboter) durchführen zu lassen und dadurch Controller von repetitiven Tätigkeiten zu befreien, erlauben es Self Service Solutions allen relevanten Stakeholdern Ad-hoc-Reports gemäß den jeweiligen Bedürfnissen und Wünschen selber zu erstellen. Dadurch kann das Management selbst Berichte erstellen, die zum jeweiligen Zeitpunkt benötigt werden. **Durch die Unterstützung von diesen Technologien werden die Prozesse der Report-Generierung und der Analyse der gewonnenen Daten häufig voneinander getrennt, was auch zu Spezialisierungen innerhalb des Controlling Teams führt.** In Großunternehmen wird häufig zwischen einem „Reporting Team" und einem „Analysten Team" unterschieden, die sich auf die jeweiligen Prozesse und deren Optimierung sowie die dafür benötigten Kompetenzen spezialisieren. Eine Erhöhung des Reifegrades in der Dimension Prozesse kann durch die folgenden Maßnahmen erreicht werden:

---

[41]Vgl. Keimer et al. (2018, S. 42).

Studien-nummern	Relevanten Textstellen; die für das Clustern direkt verwendeten Textstellen sind fett markiert
	• Organisationsweite **Standardisierung** der Prozesse • Standardisierung des Outputs, um das Management in der Entscheidungsfindung schnell, effektiv und über Teams hinweg konsistent zu unterstützen • **Reduzierung der manuell ausgeführten Prozessschritte durch Nutzung von Technologien.**"
42[42]	„Effizienz ihrer Controlling-Prozesse: • **Standardisierung**; Die Standardisierung wird in der Regel als notwendige, aber nicht hinreichende Voraussetzung dafür angesehen, Prozesse effizient zu **zentralisieren oder zu automatisieren**. Aber Vorsicht! Wie so oft ist es bei näherem Hinsehen gar nicht so einfach. Zum einen haben sich viele Unternehmen aus **Effizienzgründen** dafür entschieden, ihre nur eingeschränkt standardisierten Prozesse erst in **Shared Services** zu verlagern und dann dort schrittweise zu optimieren und zu standardisieren. Zum anderen sollte sich die Automatisierung von Prozessen nicht darauf beschränken, vorhandene und gegebenenfalls bereits standardisierte Bestandsprozesse unverändert an die Maschine abzugeben. Sie eröffnet vielmehr die Möglichkeit, Prozesse zu verändern und den Ablauf der Unternehmenssteuerung so zu optimieren. • **Shared Service** • **Automatisierung:** Mit Blick auf den Hauptprozess „operative Planung und Budgetierung" sehen wir etwa, dass die Konsolidierung von Plänen und Budgets heute den mit Abstand höchsten Automatisierungsgrad ausweist. Ganz analog zeigt sich für das Reporting, dass in den Augen der Controlling-Leiter die heute schon am stärksten automatisierten Teilprozesse – die Datenaggregation und die eigentliche Berichterstellung – weiter den höchsten Automatisierungsgrad ausweisen werden, dann allerdings noch enger gefolgt von der Datensammlung."

---

[42]Vgl. Schäffer und Weber (2018, S. 17).

Studien-nummern	Relevanten Textstellen; die für das Clustern direkt verwendeten Textstellen sind fett markiert
43[43]	„Die CFO-Organisation 4.0 setzt voraus, dass die zugrunde liegenden Prozesse funktionsübergreifend aufgesetzt sind und gleichzeitig Automatisierungspotenziale konsequent gehoben werden. Entsprechende Herausforderungen und Lösungsansätze werden ... beschrieben. **Integration** der Prozesse: ...Eine der wichtigsten Aufgaben des Finanzbereichs wird es sein, die Prozesse, Systeme und Daten aufeinander auszurichten und besser miteinander zu **vernetzen.** In Teilen wird dieser Schritt bereits durch die ERP-Systeme unterstützt." „**Automatisierung der Prozesse:** ...Die im Finanzbereich angestrebte Automatisierung z. B. durch **Robotic Process Automation** (RPA) wird im Rechnungswesen zu deutlichen Effizienzsteigerungen führen. Die RPA wird in einzelnen Teilprozessen Menschen ersetzen. So können heute bereits die Abschlussprozesse oder einzelnen Schritte der Rechnungsprüfung nahezu 100 % durch Robotics-Lösungen durchgeführt werden. Dieser Trend lässt sich auch auf Controlling-Prozesse übertragen. Dabei dürfen die Tätigkeiten durchaus systemübergreifend ablaufen, da mittels RPA System- und Applikationsgrenzen überwunden werden und die Automatisierung auch ohne die Programmierung von komplexen Schnittstellen erfolgen kann."
44[44]	„Implementieren Sie Business-Intelligence-Systeme außerhalb der ERP-Systemwelt (aber mit dieser integriert) und halten Sie so Berichtsstrukturen und -prozesse **flexibler** und beherrschbarer"; „**Automatisieren Sie möglichst weitgehend Berichtsprozesse, um Zeit für Analysen, Kommentare und Maßnahmen zu gewinnen**"

---

[43]Vgl. Kempkes et al. (2018, S. 133).
[44]Vgl. International Group of Controlling (2017, S. 48).

Anhang 135

Studien-nummern	Relevanten Textstellen; die für das Clustern direkt verwendeten Textstellen sind fett markiert
45[45]	„Bei den Controlling-Prozessen wird offensichtlich, dass in erster Linie transaktionale, d. h. standardisierbare, repetitive Controlling-Prozesse mit hohem Mengenvolumen große Bündelungspotenziale aufweisen und sich für die **Automatisierung** eignen. Durch diese **Bündelung** können Effizienzpotenziale im Controlling realisiert werden (Steuer und Westeppe 2015). Bei den durch die Digitalisierung erzielten Prozessverbesserungen kann zwischen der Automatisierung, der Informationsgeschwindigkeit und der Transparenz unterschieden werden. **Die Automatisierung von Controlling-Prozessen mündet dabei im Idealfall in eine vollautomatischen Prozessdurchführung ohne manuelle Eingriffe. Die Standardisierung der Prozesstätigkeiten bildet dafür die notwendige Grundlage und stellt eine Vorstufe dar. Durch eine Automatisierung von Prozessen wird neben einer schnellen Durchlaufzeit, eine höhere Verfügbarkeit, die Reduktion von Kosten sowie eine geringere Fehlerquote angestrebt.**"; „Die Erhöhung der Informationsgeschwindigkeit hängt eng mit der Automatisierung der Prozesse zusammen. **Durch die Automatisierung wird die Prozessdurchführung beschleunigt und Informationen stehen schneller zur Verfügung. Allerdings müssen die Prozesse dabei aber auch so gestaltet sein, dass sie flexibel bleiben und bei Veränderungen angepasst werden können.** Dadurch kann das Controlling auf neue Ereignisse reagieren und zeitnah die benötigten Informationen bereitstellen. Eine hohe Prozessgeschwindigkeit macht z. B. optimierte Preisanpassungen in Online-Shops erst umsetzbar."; „Als dritte wesentliche Prozessverbesserung durch die Digitalisierung kann die **Transparenz** angeführt werden. **Ein transparenter Prozess ist verständlich und nachvollziehbar gestaltet sowie dokumentiert.** Die einzelnen Tätigkeiten sind festgehalten, Schnittstellen einsehbar und die Herkunft der Daten ersichtlich."; „Die Digitalisierung der wichtigen Controlling-Prozesse zielt auf **standardisierte** und **integrierte** Systeme."
46[46]	„However, in a business world that requires more timely and relevant information, financial statements usually are not an ideal source of information for decision-making by management as they are backward looking, reporting on past events rather than providing the **forward-looking data** needed for running the business."

---

[45]Vgl. Egle und Keimer (2017, S. 24).
[46]Vgl. Appelbaum et al. (2017, S. 30).

Anhang

Studien-nummern	Relevanten Textstellen; die für das Clustern direkt verwendeten Textstellen sind fett markiert
47[47]	„Softwarelösungen zur Analyse von Prozessen – sogenannte Business Process Management Systeme (BMP-Systeme) unterstützen bei Visualisierung, Modellierung, Simulation und Kostendarstellung."
48[48]	„Nachfolgend stehen drei Maßnahmen zur Prozessoptimierung im Mittelpunkt, die infolge der fortschreitenden Digitalisierung an Relevanz gewinnen: **Workflow, RPA, Self-Service-Business-Intelligence.**"
49[49]	„Prozesse **automatisieren** und ggf. weitestgehend systemenstörungs- und wartungsfrei **abzubilden** und dabei die Effizienz interner Abläufe zu steigern, gehört zu den wesentlichen Aufgaben im Controlling." „Neue Technologien helfen dabei, auch im Controlling ein höheres Maß an **Integration,** Automatisierung und Qualität zu erreichen."; Unternehmen nutzen heute bei weitem nicht alle Potenziale des bisheriges SAP ERP, insbesondere im Bereich der „digitalen Prozessoptimierung"
50[50]	„**Die bedeutsamen Controlling-Kompetenzen nehmen dabei ein sehr weites Spektrum ein.** Sie beginnen bei den künftig erforderlichen IT Kenntnissen (Data Analytics, SAP S/4 HANA, etc.), umfassen die für die Unterstützung der Koordination einzusetzenden Methoden und Instrumente und reichen bis hin zur Unterstützung von Fragen der Geschäftsmodellinnovation, der Geschäftsprozessgestaltung und der Governance."
51[51]	„Auswirkungen auf das Controlling ergeben sich beispielsweise für die Planung, wo die zusätzlich gewonnenen Informationen einen zusätzlichen Beitrag darstellen. Die Etablierung von Systemen und Prozessen, die für die Datenmengen geeignet sind, ist neben der gezielten Entwicklung von Mitarbeitenden mit Kompetenzen im Bereich statistischer Methoden und Business Intelligence wesentlicher Voraussetzungen, um den Mehrwert aus Big Data und Predictive Analytics nutzen zu können."

---

[47]Vgl. Gadatsch (2017, S. 133).
[48]Vgl. Keimer et al. (2017, S. 828).
[49]Vgl. Linsner (2017, S. 54).
[50]Vgl. Becker und Ulrich (2017, S. 84).
[51]Vgl. Engelbergs (2016, S. 12).

Studien-nummern	Relevanten Textstellen; die für das Clustern direkt verwendeten Textstellen sind fett markiert
52[52]	„Im Rahmen des „Ergebniskontroll-Reporting" wird der Fokus darauf liegen, diese möglichst **standardisiert, automatisiert** und unter **Einbezug eines Minimums an Ressourcen** bereitzustellen. Dies wird realisiert durch das stärkere Zusammenwachsen der Datenbasis (FI/CO, extern/intern) sowie durch die Potenziale aus der vollautomatischen Berichtsgenerierung…Zum anderen spielt neben der Fokussierung im Reporting eine Rolle, dass neue Technologien zur Beseitigung klassischer IT-Architekturen und damit zur Reduktion von Schnittstellen führen. Die aktuelle Aufwandstreiber im Reporting, die Zusammenführung verschiedener Strukturen sowie die technische Überbrückung von Schnittstellen können dabei schrittweise abgebaut werden. In der Tendenz werden dabei mehr und detailliertere Daten direkt auf Basis der eigentlichen Datenquellen ausgewertet oder berichtet."
53[53]	„Dabei steht die Weiterentwicklung des Reportings ebenso im Fokus wie die Fortsetzung des eingeschlagenen Pfades der **Standardisierung** in den zugrunde liegenden Controlling-Prozessen und -systemen."
54[54]	„Gehen Sie **ganzheitlich** vor: Organisation, Prozesse, Unternehmenskultur und Technologie."
55[55]	„Nur langsam reift die Einsicht, dass es bei der Digitalisierung um mehr geht als um die **Standardisierung und Automatisierung** transaktionsnaher Controlling-Prozesse oder den Einsatz neuer **Software**, die unter dem Schlagwort „Analytics" wahre Wunder verspricht." „**Neue Fähigkeiten**" „**Controlling-Mindset**"

---

[52]Vgl. Kirchmann et al. (2016, S. 29).
[53]Vgl. Weissenbacher und Probst (2016, S. 213).
[54]Vgl. Koß (2016, S. 38).
[55]Vgl. Schäffer und Weber (2016, S. 8 ff.).

Studien-nummern	Relevanten Textstellen; die für das Clustern direkt verwendeten Textstellen sind fett markiert
56[56]	„Darüber hinaus waren Controlling-Prozesse bisher wenig durch **Automatisierung** unterstützt, hier bieten sich die größten Potenziale im Reporting und dem Planungsprozess. **Neue Technologien,** wie Robotic Process Automation (RPA), bieten neue Ansatzpunkte für eine **Automatisierung** von Prozessen, die bisher weitgehend durch Experten manuell durchgeführt wurden". „Verschiedene IT-Systeme bilden hier keine Grenze mehr, eine Automatisierung kann applikationsübergreifend, ohne die Programmierung von komplexen Schnittstellen erfolgen." „Das Vorgehen und die zugrundeliegenden Prozesse werden sich wandeln, die Inhalte werden stark angereichert werden, die Systeme müssen diesen Wandel unterfüttern, die Menschen müssen ein **„digital Mindset"** entwickeln, welches die Möglichkeiten versteht und erkennt."
57[57]	„Modul 4: **Effiziente** und effektive Prozesse: Die Prozesse sind **je Organisationseinheit zu beschreiben.** Kernprozesse sind dabei zu **standardisieren** und möglichst **zu automatisieren.** Durch die Klärung der Verantwortlichkeiten und die Festlegung der In- und Outputs werden die Schnittstellen zwischen den Organisationseinheiten definiert."
58[58]	„1. RPA is one tool along with process elimination, process improvement, and other business process tools." „2. Robots need more explicit instructions than humans." „3. Make sure your own internal infrastructure grows in **pace** with automation." „4. Consider carefully the best sourcing option." „5. To be an RPA pioneer, you will need to take some risks!"
59[59]	„Auf der Basis von Standardsoftware, Effizienzdruck und Globalisierung ist in den letzten Jahren in großen Unternehmen eine zunehmende **Standardisierung von Controlling-Prozessen** erfolgt. Diese ist wiederum die notwendige **Voraussetzung für den nächsten Schritt: die zunehmende Automatisierung und Zentralisierung von Prozessen.** In Form von „Centers of Excellence" oder **„Shared Service Operation"** zentralisierte oder auch komplett ausgelagerte Prozesse induzieren ihrerseits **Effizienz** und vielfach auch deutliche **Qualitätsgewinne."**

---

[56]Vgl. Gleich et al. (2016, S. 95).
[57]Vgl. Grönke et al. (2016, S. 123).
[58]Vgl. Lacity et al. (2016, S. 11 ff.).
[59]Vgl. Gleich (2015, S. 30).

Anhang 139

Studien-nummern	Relevanten Textstellen; die für das Clustern direkt verwendeten Textstellen sind fett markiert
60[60]	„Process dimension Business-centric championship and balanced team composition. Most participants believed that having the right champion from the business side of the organisation is critical for implementation success. They expressed the view that a champion who has excellent business acumen is always important since he/she will be able to foresee the organisational challenges and change course accordingly. More importantly, this business-centric champion would view the BI system primarily in strategic and organisational perspectives, as opposed to one who might over-focus on the technical issues. For example, one interviewee commented that, **„The team needs a champion"**. By a champion, I do not mean someone who knows the tools. I mean someone who understands the business and the technology and is able to translate the business requirements into a (high-level) BI architecture for the system."; „Business-driven and iterative development approach. The next factor to be considered is the business-driven and iterative development approach. According to most Delphi participants, adequate business-oriented project scoping and planning allow the BI team to concentrate on the best opportunities for improvement. Scoping helps in the selection of clear parameters and develops a common understanding among all business stakeholders as to what is in scope and what is excluded."; **„User-oriented change management.** Having an adequate user oriented change management effort was deemed critical by most Delphi participants. They reported that better user **participation** in the process of change can lead to better communication of their needs, which in turn can help ensure successful introduction of the system. Many Delphi participants shared the view that formal user participation can help meet the demands and expectations of various end users."
61[61]	„Berichtsinhalte sind weitgehend zu **standardisieren,** das Controlling muss aber sensibel dafür sein, wann Zugeständnisse an die individuellen Bedürfnisse des Managements notwendig sind."; „Weitet man den Fokus der Optimierungsthemen auf das Gesamtunternehmen aus, so wird es auch möglich, Berichtsprozesse bei der **Datenerfassung** beginnend zu verbessern und zu beschleunigen."

---

[60]Vgl. Yeoh und Koronios (2010, S. 26 f.).
[61]Vgl. Heinzelmann (2008, S. 94 ff.).

Anhang IV: Ergebnis der Clusteranalyse

Cluster	Nennungen	Studiennummern
Automatisierung	27	2; 8; 10; 16; 17; 21; 24; 25; 28; 29; 30; 31; 32; 33; 35; 37; 40; 41; 42; 44; 45; 49; 52; 55; 56; 57; 59
Technologien	23	1; 3; 8; 10; 14; 15; 16; 17; 24; 29; 30; 31; 32; 35; 37; 40; 41; 48; 49; 52; 55; 56; 59
Integration/Zentralisierung	21	8; 10; 11; 13; 16; 19; 21; 24; 27; 30; 31; 34; 35; 36; 37; 41; 42; 43; 45; 49; 59
Standardisierung	20	2; 3; 5; 6; 8; 10; 24; 25; 31; 37; 38; 40; 41; 42; 52; 53; 55; 57; 59; 60
Spezialisierung	13	3; 7; 10; 12; 13; 20; 30; 40; 41; 50; 55; 56; 59
Datenmanagement	12	10; 13; 15; 19; 30; 32; 34; 36; 38; 40; 52; 60
Effizienzgewinn	11	2; 5; 10; 15; 19; 30; 38; 41; 42; 52; 57
Shared Service	6	5; 8; 29; 31; 40; 42
Self Service	6	5; 8; 16; 40; 41; 48
Flexibilität	6	3; 10; 21; 31; 37; 44
Kosten/Nutzen	4	14; 15; 23; 41
Transparenz/Partizipation	4	3; 30; 45; 59
Vernetzung/Verknüpfung	4	30; 37; 43; 45
Treiberbäume	3	4; 16; 33
Controller unterstützt Geschäftsleitung in Digitalisierung	3	11; 31; 40
Controller als Business Partner	3	10; 13; 19
Fokus auf Forecast	3	11; 22; 46
Prozessmanagement; -analyse	3	31; 47; 49
Kommunikation	2	4; 13
Geduld	2	39; 58
Identifizierung von geeigneten Prozessen	2	6; 14
Workflow	2	27; 48
CEO/CFO übernimmt Verantwortung in Digitalisierung	2	10; 40
Balance zwischen Standards und Flexibilität	2	10; 21

Cluster	Nennungen	Studiennummern
Reporting Factory	2	5; 31
Outsourcing	2	26; 59
Pilotprojekt	1	6
Managementakzeptanz	1	3
Controller ist antizipativ und proaktiv	1	31
Fehlertoleranz	1	39
Fokus auf kontinuierliche Veränderung	1	39
Ganzheitliches Vorgehen	1	54
Change Management	1	59
Untersuchte Studien ohne Nennung eines oder mehrere Clusterbegriffe		9; 18; 22; 23; 46; 51;

The manufacturer's authorised representative in the EU is Springer Nature Customer Service Centre GmbH, Europaplatz 3, 69115 Heidelberg, Germany. If you have any concerns regarding our products, please contact ProductSafety@springernature.com

Printed and bound by CPI Group (UK) Ltd, Croydon, CR0 4YY
23/03/2026
02076465-0012